大学赤本シリーズ

516

皇學館大学

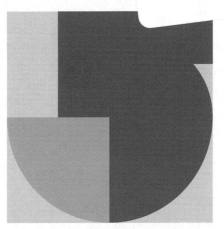

教学社

は　し　が　き

おかげさまで，大学入試の「赤本」は，今年で創刊70周年を迎えました。

これまで，入試問題や資料をご提供いただいた大学関係者各位，掲載許可をいただいた著作権者の皆様，各科目の解答や対策の執筆にあたられた先生方，そして，赤本を使用してくださったすべての読者の皆様に，厚く御礼を申し上げます。

以下に，創刊初期の「赤本」のはしがきを引用します。これからも引き続き，受験生の目標の達成や，夢の実現を応援してまいります。

本書を活用して，入試本番では持てる力を存分に発揮されることを心より願っています。

編者しるす

＊　＊　＊

学問の塔にあこがれのまなざしをもって，それぞれの志望する大学の門をたたかんとしている受験生諸君！　人間として生まれてきた私たちは，自己の欲するままに，美しく，強く，そして何よりも人間らしく生きることをねがっている。しかし，一朝一夕にして，この純粋なのぞみが達せられることはない。私たちの行く手には，絶えずさまざまな試練がまちかまえている。この試練を克服していくところに，私たちのねがう真に人間的な世界がはじめて開かれてくるのである。

人生最初の最大の試練として，諸君の眼前に大学入試がある。この大学入試は，精神的にも身体的にも，大きな苦痛を感ぜしめるであろう。あるスポーツに熟達するには，たゆみなき，はげしい練習を積み重ねることが必要であるように，私たちは，計画的・持続的な努力を払うことによって，この試練を克服し，次の一歩を踏みだすことができる。厳しい試練を経たのちに，はじめて満足すべき成果を獲得できるのである。

本書は最近の入学試験の問題に，それぞれ解答を付し，さらに問題をふかく分析することによって，その大学独特の傾向や対策をさぐろうとした。本書を一般の参考書とあわせて使用し，まとはずれのない，効果的な受験勉強をされるよう期待したい。

（昭和35年版「赤本」はしがきより）

挑む人の、いちばんの味方

赤本創刊70周年

1954年に大学入試の過去問題集を刊行してから70年。赤本は大学に入りたいと思う受験生を応援しつづけてきました。これからも，苦しいとき落ち込むときにそばで支える存在でいたいと思います。

そして，勉強をすること，自分で道を決めること，努力が実ること，これらの喜びを読者の皆さんが感じることができるよう，伴走をつづけます。

そもそも赤本とは…

受験生のための大学入試の過去問題集！

70年の歴史を誇る赤本は，500点を超える刊行点数で全都道府県の370大学以上を網羅しており，過去問の代名詞として受験生の必須アイテムとなっています。

なぜ受験に過去問が必要なのか？

大学入試は大学によって問題形式や頻出分野が大きく異なるからです。

赤本の掲載内容

傾向と対策

これまでの出題内容から，問題の「**傾向**」を分析し，来年度の入試に向けて具体的な「**対策**」の方法を紹介しています。

問題編・解答編

- 年度ごとに問題とその解答を掲載しています。
- 「**問題編**」ではその年度の試験概要を確認したうえで，実際に出題された過去問に取り組むことができます。
- 「**解答編**」には高校・予備校の先生方による解答が載っています。

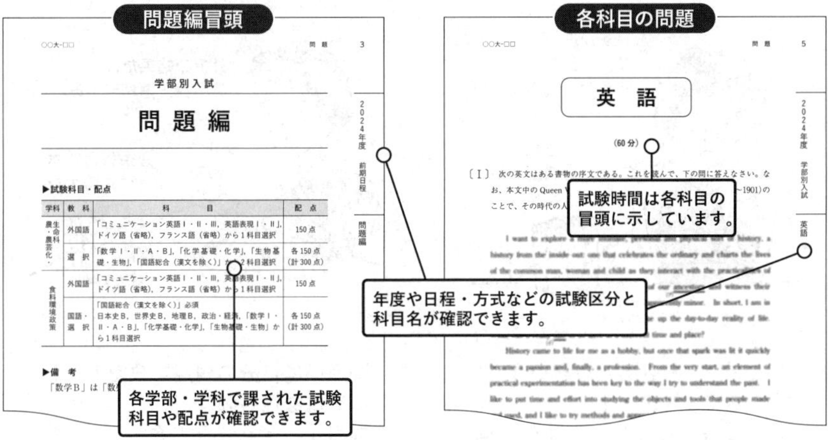

他にも，大学の基本情報や，先輩受験生の合格体験記，在学生からのメッセージなどが載っていることがあります。

● 掲載内容について ●

著作権上の理由やその他編集上の都合により問題や解答の一部を割愛している場合があります。
なお，指定校推薦入試，社会人入試，編入学試験，帰国生入試などの特別入試，英語以外の外国語科目，商業・工業科目は，原則として掲載しておりません。また試験科目は変更される場合がありますので，あらかじめご了承ください。

受験勉強は

過去問に始まり，

STEP 1 なにはともあれ

まずは解いてみる

しずかに…
今，自分の心と
向き合ってるんだから
ムーン
それは
問題を解いて
からだホン!

過去問は，**できるだけ早いうちに解く**のがオススメ！
実際に解くことで，**出題の傾向，問題のレベル，今の自分の実力**がつかめます。

STEP 2 じっくり具体的に

弱点を分析する

分析の結果だけど
英・数・国が苦手みたい
スリー
必須科目だホン
頑張るホン

間違いは自分の弱点を教えてくれる**貴重な情報源**。
弱点から自己分析することで，**今の自分に足りない力や苦手な分野**が見えてくるはず！

合格者があかす 赤本の使い方

傾向と対策を熟読
(Fさん／国立大合格)

大学の出題傾向を調べるために，赤本に載っている「傾向と対策」を熟読しました。

繰り返し解く
(Tさん／国立大合格)

1周目は問題のレベル確認，2周目は苦手や頻出分野の確認に，3周目は合格点を目指して，と過去問は繰り返し解くことが大切です。

赤本の使い方 解説

過去問に終わる。

STEP 3

志望校にあわせて

苦手分野の重点対策

明日からはみんなで頑張るよ！
参考書も！ 問題集も！
よろしくね！
呼んだ？
なにを!?
どこから!?
グッ
グッ

参考書や問題集を活用して，苦手分野の**重点対策**をしていきます。
過去問を指針に，合格へ向けた具体的な学習計画を立てましょう！

STEP 1▶2▶3

サイクルが大事!

実践を繰り返す

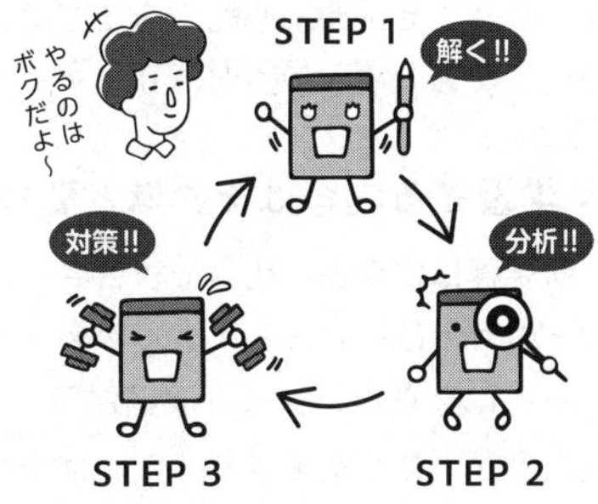
やるのはボクだよ～
STEP 1
解く!!
分析!!
対策!!
STEP 3
STEP 2

STEP 1～3を繰り返し，実力アップにつなげましょう！
出題形式に慣れることや，**時間配分を考えること**も大切です。

目標点を決める
（Yさん／私立大合格）
赤本によっては合格者最低点が載っているので，それを見て目標点を決めるのもよいです。

時間配分を確認
（Kさん／私立大学合格）
赤本は時間配分や解く順番を決めるために使いました。

添削してもらう
（Sさん／私立大学合格）
記述式の問題は先生に添削してもらうことで自分の弱点に気づけると思います。

新課程入試 Q&A

2022 年度から新しい学習指導要領（新課程）での授業が始まり，2025 年度の入試は，新課程に基づいて行われる最初の入試となります。ここでは，赤本での新課程入試の対策について，よくある疑問にお答えします。

Q1. 赤本は新課程入試の対策に使えますか？

A. もちろん使えます！

旧課程入試の過去問が新課程入試の対策に役に立つのか疑問に思う人もいるかもしれませんが，心配することはありません。旧課程入試の過去問が役立つのには次のような理由があります。

● 学習する内容はそれほど変わらない

新課程は旧課程と比べて科目名を中心とした変更はありますが，学習する内容そのものはそれほど大きく変わっていません。また，多くの大学で，既卒生が不利にならないよう「経過措置」がとられます（Q３参照）。したがって，出題内容が大きく変更されることは少ないとみられます。

● 大学ごとに出題の特徴がある

これまでに課程が変わったときも，各大学の出題の特徴は大きく変わらないことがほとんどでした。入試問題は各大学のアドミッション・ポリシーに沿って出題されており，過去問にはその特徴がよく表れています。過去問を研究してその大学に特有の傾向をつかめば，最適な対策をとることができます。

出題の特徴の例	・英作文問題の出題の有無 ・論述問題の出題（字数制限の有無や長さ） ・計算過程の記述の有無

新課程入試の対策も，赤本で過去問に取り組むところから始めましょう。

Q2. 赤本を使う上での注意点はありますか？

A. 志望大学の入試科目を確認しましょう。

過去問を解く前に，過去の出題科目（問題編冒頭の表）と 2025 年度の募集要項とを比べて，課される内容に変更がないかを確認しましょう。ポイントは以下のとおりです。科目名が変わっていても，実際は旧課程の内容とほとんど同様のものもあります。

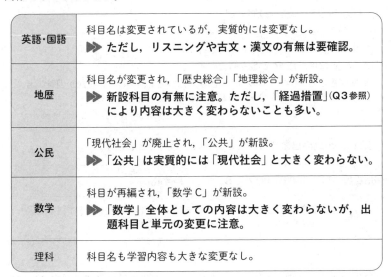

英語・国語	科目名は変更されているが，実質的には変更なし。 ▶▶ **ただし，リスニングや古文・漢文の有無は要確認。**
地歴	科目名が変更され，「歴史総合」「地理総合」が新設。 ▶▶ **新設科目の有無に注意。ただし，「経過措置」**（Q３参照）**により内容は大きく変わらないことも多い。**
公民	「現代社会」が廃止され，「公共」が新設。 ▶▶ **「公共」は実質的には「現代社会」と大きく変わらない。**
数学	科目が再編され，「数学Ｃ」が新設。 ▶▶ **「数学」全体としての内容は大きく変わらないが，出題科目と単元の変更に注意。**
理科	科目名も学習内容も大きな変更なし。

数学については，科目名だけでなく，どの単元が含まれているかも確認が必要です。例えば，出題科目が次のように変わったとします。

旧課程	「数学Ⅰ・数学Ⅱ・数学Ａ・数学Ｂ（数列・ベクトル）」
新課程	「数学Ⅰ・数学Ⅱ・数学Ａ・**数学Ｂ（数列）・数学Ｃ（ベクトル）**」

この場合，新課程では「数学Ｃ」が増えていますが，単元は「ベクトル」のみのため，実質的には旧課程とほぼ同じであり，過去問をそのまま役立てることができます。

Q3. 「経過措置」とは何ですか？

A. 既卒の旧課程履修者への対応です。

多くの大学では，既卒の旧課程履修者が不利にならないように，出題において「経過措置」が実施されます。措置の有無や内容は大学によって異なるので，募集要項や大学のウェブサイトなどで確認しておきましょう。

○旧課程履修者への経過措置の例

- 旧課程履修者にも配慮した出題を行う。
- 新・旧課程の共通の範囲から出題する。
- 新課程と旧課程の共通の内容を出題し，共通範囲のみでの出題が困難な場合は，旧課程の範囲からの問題を用意し，選択解答とする。

例えば，地歴の出題科目が次のように変わったとします。

旧課程	「日本史Ｂ」「世界史Ｂ」から１科目選択
新課程	「**歴史総合**，日本史探究」「**歴史総合**，世界史探究」から１科目選択※ ※旧課程履修者に不利益が生じることのないように配慮する。

「歴史総合」は新課程で新設された科目で，旧課程履修者には見慣れないものですが，上記のような経過措置がとられた場合，新課程入試でも旧課程と同様の学習内容で受験することができます。

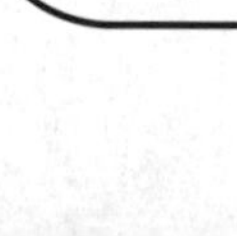

新課程の情報は WEB もチェック！
より詳しい解説が赤本ウェブサイトで見られます。
https://akahon.net/shinkatei/

科目名が変更される教科・科目

	旧課程	新課程
国語	国語総合 国語表現 現代文A 現代文B 古典A 古典B	現代の国語 言語文化 論理国語 文学国語 国語表現 古典探究
地歴	日本史A 日本史B 世界史A 世界史B 地理A 地理B	歴史総合 日本史探究 世界史探究 地理総合 地理探究
公民	現代社会 倫理 政治・経済	公共 倫理 政治・経済
数学	数学Ⅰ 数学Ⅱ 数学Ⅲ 数学A 数学B 数学活用	数学Ⅰ 数学Ⅱ 数学Ⅲ 数学A 数学B 数学C
外国語	コミュニケーション英語基礎 コミュニケーション英語Ⅰ コミュニケーション英語Ⅱ コミュニケーション英語Ⅲ 英語表現Ⅰ 英語表現Ⅱ 英語会話	英語コミュニケーションⅠ 英語コミュニケーションⅡ 英語コミュニケーションⅢ 論理・表現Ⅰ 論理・表現Ⅱ 論理・表現Ⅲ
情報	社会と情報 情報の科学	情報Ⅰ 情報Ⅱ

目　次

2024年度 問題と解答

掲載内容についてのお断り

- 学校推薦型選抜は，一般推薦の前期Ａ・前期Ｂ（11 月 4 日実施分）および後期（12 月 9 日実施分）を掲載しています。
- 一般選抜は，一般前期の 3 科目型・2 科目型（1 月 29 日・1 月 30 日実施分），得意科目 2 科目型（1 月 31 日実施分）の 3 日程から各科目 1 日程分を掲載しています。一般中期および一般後期は掲載していません。

UNIVERSITY GUIDE

大学情報

基本情報

学部・学科の構成

大　学

●文学部

神道学科（神道・宗教文化コース）

国文学科（国語学・国文学コース，国語教育コース（中高教員），書道・漢文学コース，図書館司書コース）

国史学科（国史総合コース，歴史教育コース（中高教員），歴史文化財コース）

コミュニケーション学科（英語コミュニケーションコース，英語教育コース（中高教員），心理学コース，情報コース）

●教育学部

教育学科（初等教育コース，幼児教育コース，保健体育コース（中高教員），数理教育コース＊（中高教員））

＊数理教育コース…「数学教育免許課程」令和５年度設置済み
「理科教員免許課程」令和７年度設置申請中

（ただし，文部科学省における審査の結果，予定している教職課程の開設時期等が変更になる可能性があります）

●現代日本社会学部

現代日本社会学科（経営革新コース，地域創生コース，福祉展開コース）

大学院

文学研究科 / 教育学研究科

大学所在地

皇學館大学

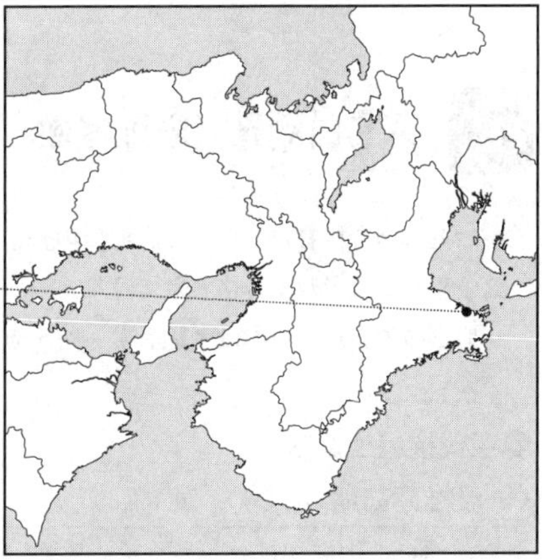

〒516-8555　三重県伊勢市神田久志本町 1704

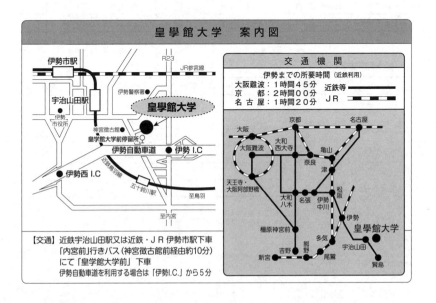

皇學館大学　案内図

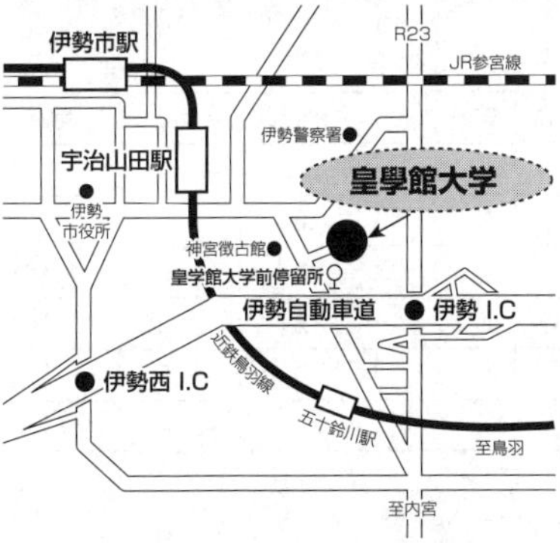

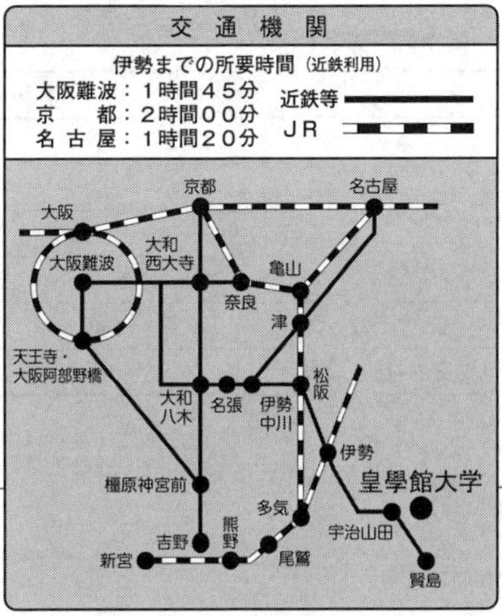

【交通】近鉄宇治山田駅又は近鉄・ＪＲ伊勢市駅下車
「内宮前」行きバス（神宮徴古館前経由約10分）
にて「皇学館大学前」下車
伊勢自動車道を利用する場合は「伊勢I.C.」から５分

2024年度入試データ

入試状況（志願者数・競争率など）

◯一般選抜の合格者数には第２志望での合格者を含む。
◯競争率は受験者数÷合格者数で算出。
◯一般選抜の正規競争率は受験者数÷第１志望合格者数で算出。

●学校推薦型選抜

〈一般推薦前期（A/B）〉

学部	学科・コース	募集人員	志願者数	受験者数	合格者数	競争率
文	神道	6	11	11	10	1.1
	国文	10	14	13	12	1.1
	国史	10	24	24	19	1.3
	コミュニケーション	10	17	17	16	1.1
教育	教育	16	118	113	89	1.3
	数理教育コース	4	47	47	33	1.4
現代日本社会	現代日本社会	20	36	35	30	1.2

〈一般推薦後期〉

学部	学科	募集人員	志願者数	受験者数	合格者数	競争率
文	神道	2	2	2	1	2.0
	国文	2	0	0	0	—
	国史	2	3	3	2	1.5
	コミュニケーション	2	2	2	2	1.0
教育	教育	2	8	8	5	1.6
現代日本社会	現代日本社会	2	6	4	4	1.0

〈資格取得者対象学校推薦入試〉

学 部	学科・コース	募集人員	志願者数	受験者数	合格者数	競争率
文	神道	1	1	1	1	1.0
	国文	2	3	3	3	1.0
	国史	2	3	3	3	1.0
	コミュニケーション	2	4	4	4	1.0
教育	教育	2	12	11	9	1.2
	数理教育コース	1	0	0	0	—
現代日本社会	現代日本社会	2	8	8	8	1.0

●一般選抜　一般前期入試

〈3科目型 1/29・1/30(マーク方式)〉

学 部	学科・コース	募集人員	志願者数	受験者数	合格者数	正規競争率
文	神道	5	25	25	16	1.6
	国文	7	22	22	18	1.2
	国史	7	21	21	18	1.2
	コミュニケーション	7	23	23	16	1.6
教育	教育	17	78	76	47	1.6
	数理教育コース	5	33	31	18	1.7
現代日本社会	現代日本社会	10	35	35	28	1.3

〈2科目型 1/29・1/30(マーク方式)〉

学 部	学科・コース	募集人員	志願者数	受験者数	合格者数	正規競争率
文	神道	5	18	18	9	2.0
	国文	6	14	14	9	1.6
	国史	6	21	21	17	1.2
	コミュニケーション	6	10	10	7	1.7
教育	教育	17	64	63	44	1.4
	数理教育コース	5	46	44	24	1.8
現代日本社会	現代日本社会	10	33	33	24	1.4

〈得意科目 2 科目型 1/31(マーク方式)〉

学部	学科	募集人員	志願者数	受験者数	合格者数	正規競争率
文	神道	3	10	10	7	1.4
	国文	5	5	5	3	1.7
	国史	5	8	8	5	2.0
	コミュニケーション	5	4	4	3	1.3
教育	教育	14	18	18	10	1.8
現代日本社会	現代日本社会	7	9	9	4	2.3

〈一般前期 1/29(2 科目)＋共通テスト(1 科目)利用〉

学部	学科・コース	募集人員	志願者数	受験者数	合格者数	正規競争率
文	神道	2	9	9	4	2.3
	国文	3	4	4	3	1.3
	国史	3	6	6	4	1.5
	コミュニケーション	3	5	5	4	1.3
教育	教育	4	35	35	23	1.5
	数理教育コース	2	20	20	10	2.0
現代日本社会	現代日本社会	5	17	17	15	1.1

〈一般前期 1/30(2 科目)＋共通テスト(1 科目)利用〉

学部	学科・コース	募集人員	志願者数	受験者数	合格者数	正規競争率
文	神道	2	3	3	1	3.0
	国文	3	5	5	3	1.7
	国史	3	5	5	3	1.7
	コミュニケーション	3	2	2	1	2.0
教育	教育	3	17	17	8	2.1
	数理教育コース	2	14	14	6	2.3
現代日本社会	現代日本社会	4	4	4	3	1.3

〈一般前期 1/31(1 科目)＋共通テスト(2 科目)利用〉

学部	学科	募集人員	志願者数	受験者数	合格者数	正規競争率
文	神道	2	4	4	2	2.0
	国文	3	2	2	1	2.0
	国史	3	1	1	1	1.0
	コミュニケーション	3	3	3	3	1.0
教育	教育	3	9	9	4	2.3
現代日本社会	現代日本社会	4	2	2	2	1.0

●一般選抜　一般中期入試

〈得意科目 2 科目型(マーク方式)〉

学部	学科	募集人員	志願者数	受験者数	合格者数	正規競争率
文	神道	2	3	3	2	1.5
	国文	2	4	4	2	2.0
	国史	2	3	3	3	1.0
	コミュニケーション	2	2	2	0	—
教育	教育	7	11	11	6	1.8
現代日本社会	現代日本社会	5	5	5	4	1.3

●一般選抜　一般後期入試

〈小論文〉

学部	学科	募集人員	志願者数	受験者数	合格者数	正規競争率
文	神道	2	2	1	1	1.0
	国文	2	3	3	3	1.0
	国史	2	0	0	0	—
	コミュニケーション	2	3	3	3	1.0
教育	教育	2	2	2	1	2.0
現代日本社会	現代日本社会	2	2	2	2	1.0

〈数理教育コース〉

学部	学科・コース	募集人員	志願者数	受験者数	合格者数	正規競争率
教育	数理教育コース	1	6	5	1	5.0

●共通テスト利用入試

〈前期〉

学部	学科・コース	募集人員	志願者数	受験者数	合格者数	競争率
文	神道	3	18	18	12	1.5
	国文	5	16	16	13	1.2
	国史	5	14	14	11	1.3
	コミュニケーション	5	15	15	13	1.2
教育	教育	9	65	65	44	1.5
	数理教育コース	3	23	23	18	1.3
現代日本社会	現代日本社会	8	14	14	11	1.3

〈中期〉

学 部	学科・コース	募集人員	志願者数	受験者数	合格者数	競争率
文	神道	2	1	1	0	—
	国文	2	0	0	0	—
	国史	2	2	2	2	1.0
	コミュニケーション	2	4	4	4	1.0
教育	教育	2	3	3	2	1.5
	数理教育コース	1	2	2	1	2.0
現代日本社会	現代日本社会	3	2	2	2	1.0

〈後期〉

学 部	学科・コース	募集人員	志願者数	受験者数	合格者数	競争率
文	神道	2	1	1	1	1.0
	国文	2	2	2	2	1.0
	国史	2	3	3	3	1.0
	コミュニケーション	2	1	1	1	1.0
教育	教育	2	4	4	1	4.0
	数理教育コース	1	2	2	0	—
現代日本社会	現代日本社会	2	3	3	2	1.5

募集要項（出願書類）の入手方法

インターネット出願が導入されています。募集要項は，大学ホームページで確認およびダウンロードできるほか，大学に直接請求することも可能です。なお，テレメールからも請求できます。

問い合わせ先

皇學館大学　学生支援部（入試担当）
〒516-8555　三重県伊勢市神田久志本町 1704 番地
TEL　0596-22-6316（直通）
ホームページ　https://www.kogakkan-u.ac.jp
E-mail　nyusi@kogakkan-u.ac.jp

皇學館大学のテレメールによる資料請求方法

スマートフォンから　QRコードからアクセスしガイダンスに従ってご請求ください。
パソコンから　教学社 赤本ウェブサイト(akahon.net)から請求できます。

TREND & STEPS

傾向と対策

科目ごとに問題の「傾向」を分析し，具体的にどのような「対策」をすればよいか紹介しています。まずは出題内容をまとめた分析表を見て，試験の概要を把握しましょう。

注　意

「傾向と対策」で示している，出題科目・出題範囲・試験時間等については，2024 年度までに実施された入試の内容に基づいています。2025 年度入試の選抜方法については，各大学が発表する学生募集要項を必ずご確認ください。

掲載日程・方式・学部

• 2024 年度は下記の通り掲載している。

学校推薦型選抜　一般推薦入試：前期 A・前期 B（同日実施）から各科目，および，後期「小論文」。

一般選抜　一般前期：3 科目型・2 科目型・得意科目 2 科目型の 3 日程から各科目 1 日程分。

来年度の変更点

2025 年度入試では，以下の変更が予定されている（本書編集時点）。

- 2025 年 4 月，数理教育コースに「理科教員免許課程」が新設される予定（設置申請中）。なお，一般選抜では数学教員免許課程とは分けて学生募集される予定。
- 一般選抜 一般前期（数理教育コース除く）:「数学Ｉ・Ａ」→「数学Ｉ・Ⅱ・Ａ」
- 一般選抜 一般前期（数理教育コース）

  ①数学教員免許課程では選択科目として，理科教員免許課程では必須科目として，新たに理科（物理・化学・生物）の試験が実施される予定。

  ②数学教員免許課程の２科目型で国語の選択が可能となる予定。

英　語

▶学校推薦型選抜　一般推薦入試

年度	番号	項　目	内　容
2024	〔1〕	文法・語彙	空所補充
	〔2〕	会　話　文	空所補充
	〔3〕	文法・語彙	語句整序
	〔4〕	読　　　解	英文和訳，内容説明
2023	〔1〕	文法・語彙	空所補充
	〔2〕	会　話　文	空所補充
	〔3〕	文法・語彙	語句整序
	〔4〕	読　　　解	英文和訳，内容説明

▶一般選抜　一般前期

年度	番号	項　目	内　容
2024 ●	〔1〕	読　　　解	同意表現，語句整序，内容説明，要約文の完成，欠文挿入箇所，内容真偽
	〔2〕	文法・語彙	空所補充
	〔3〕	会　話　文	空所補充
2023 ●	〔1〕	読　　　解	空所補充，語句整序，同意表現，内容説明，要約文の完成，英文和訳，欠文挿入箇所，内容真偽
	〔2〕	文法・語彙	空所補充
	〔3〕	文法・語彙	空所補充
	〔4〕	会　話　文	空所補充

（注）●印は全問，◑印は一部マーク方式採用であることを表す。

傾向 基本的文法知識の充実と語彙の拡充を目指そう！

01 出題形式は？

解答形式は，推薦はすべて記述式，一般選抜はすべてマーク方式である。試験時間は，推薦は前期Aが2科目100分，前期Bが50分，一般選抜は50分。

02 出題内容はどうか？

推薦：**読解問題**の設問は例年，英文和訳，英問英答による内容説明，日本語による内容説明が出題されている。過去には，日本語による内容説明に字数の指定があったが，2023・2024年度は指定なしであった。**文法・語彙問題**の語句整序では基礎的な問題が出題されている。**会話文問題**は，空所補充形式による出題で，基本的な会話表現や語彙，前後の文脈を把握する力を問うものである。

一般選抜：**読解問題**の設問は，空所補充，同意表現，内容説明，語句整序，内容真偽などバラエティーに富む。**文法・語彙問題**は空所補充が出題されており，近年は，主に文法を問うものと語彙を問うものがそれぞれ大問1題ずつ出題されているが，2024年度については主に語彙を問う大問が1題あるのみとなった。**会話文問題**は，空所補充形式が出題されている。過去には，冒頭の発言が与えられ，続く発言を順につなげていく形式で問われたこともある。

03 難易度は？

問題レベルは標準である。英文のレベルも標準といえるだろう。ただし，出題内容が多様であるので，対策は偏りなくしておきたい。

対策

01 読　解

高校の教科書を正確に読み取る学力をつけ，それを基にして標準レベルの入試問題集（高校の副教材として使用しているものでもよい）に取り組むこと。『関正生の The Rules 英語長文問題集 1 入試基礎』（旺文社）のような多様な問題形式を扱っているものが望ましい。

02 文法・語彙

オーソドックスな問題形式が中心となるので，高校の教科書に加えて『Next Stage 英文法・語法問題：入試英語頻出ポイント 218 の征服』（桐原書店）や『スクランブル英文法・語法』（旺文社）などの標準レベルの文法問題集を徹底的に学習しておきたい。特に，頻出イディオムや語法，語彙の項目を重点的に学習してほしい。

一般選抜では，品詞や語の言い換えを問う問題が多く出題されている。語彙学習では意味の暗記だけではなく，品詞や類義語，語法を含めた学習を行おう。

03 会話文

空所補充問題は空所の前後のつながりを正しく理解する力が必要である。基本レベルの会話文問題集で練習しておこう。

日本史

▶学校推薦型選抜　一般推薦入試

年度	番号	内　容	形　式
2024	〔1〕	聖武天皇と奈良時代の政治 ⊘視覚資料	選択・記述
	〔2〕	中世・近世の戦乱と事件	選択・記述
	〔3〕	内憂外患と天保の改革	訂正・記述
	〔4〕	明治期の政党 ⊘史料	記述・論述
2023	〔1〕	「徳川実紀」―古代の法典・歴史書 ⊘史料	訂正・記述・配列
	〔2〕	「読史余論」―中世の政治史 ⊘史料	選択・記述・訂正
	〔3〕	江戸幕府の成立 ⊘史料	訂正・配列・記述
	〔4〕	朝鮮の植民地化	選択・記述

▶一般選抜　一般前期

年度	番号	内　容	形　式
2024 ●	〔1〕	律令政治と藤原氏 ⊘グラフ	選　択
	〔2〕	「看聞日記」―中世の東アジア外交史 ⊘史料	選　択
	〔3〕	近世の経済	選　択
	〔4〕	明治・大正期の文化	選択・正誤・配列
	〔5〕	「歎異鈔」―日本の思想史 ⊘史料	選択・正誤
2023 ●	〔1〕	遣唐使と古代東アジア情勢 ⊘視覚資料	選択・配列
	〔2〕	中世の仏教文化と儒学	選　択
	〔3〕	近世の経済・社会	選　択
	〔4〕	近代の政治・大正政変 ⊘史料・表・年表	選択・正誤
	〔5〕	日本の文化史 ⊘視覚資料	選択・配列

（注）●印は全問，◑印は一部マーク方式採用であることを表す。

傾向 歴史的事項の基本を確実に学習すること テーマ別問題が出題される

01 出題形式は？

2024年度は，推薦が記述方式で，大問4題，解答個数34個。一般選抜が全問マーク方式で，大問5題，解答個数34個。それぞれ2023年度より解答個数が1つ多くなっていた。試験時間はともに50分である。リード文や史料が示され，文章中の下線部や空欄について問われる設問がある。推薦では設問に対して記述を求める問題が多く，下線部の正誤を判定・訂正するもの，そして2024年度は論述問題が出題されている。一般選抜では選択法を中心に配列法・正誤法の設問がみられる。

なお，2025年度は出題科目が「日本史探究」となる予定である（本書編集時点)。

02 出題内容はどうか？

時代別では，推薦では古代・中世・近世・近代から，一般選抜は古代・中世・近世・近代およびテーマ史からの出題があり，いずれも時代的にバランスのとれた構成となっている。2024年度は原始時代からの出題はなく，近年の傾向となっていた戦後史からの出題もみられなかった。また，テーマ史の問題は幅広い時代から出題される。

分野別では，政治・外交・経済・文化の各分野から出題されるが，文化史の占める割合が高い。古代・中世の仏教思想と仏教美術，近世の儒学・国学の思想，近代の国家主義思想は例年出題される傾向にある。テーマ史では法令・外交・経済・思想などの時代的変遷が問われている。

史料問題は，ほぼ毎年出題されている。史料の選択や空欄に適語を入れる問題のほか，史料の読解や歴史的背景を考えさせる問題もあり，受験生には難しく感じられることもあるかもしれないが，史料のほとんどは教科書に記載されているものである。また，視覚資料を用いた問題も出題されている。2024年度は律令制度での公卿と藤原氏に関する統計のグラフ，以前には仏教美術・絵画・文学作品・貨幣の図版や朝鮮半島の国家変遷に関する地図も出題されていた。

03 難易度は？

出題内容は，教科書をベースとした基本的な歴史事項に関するものが多いが，歴史的な事項を古い順に並べる配列問題，正文・誤文の選択もしくは正誤の組合せを答える問題には詳細な知識を必要とするものもある。推薦では歴史用語や人名，史料の内容を記述・論述させる問題が出題されるので注意が必要である。また，2024 年度のグラフ・統計から推論する問題，2023 年度の近代文学を年代順に配列する問題には戸惑う受験生もいるだろう。試験時間には比較的余裕があるが，選択問題は迅速に処理して，史料・視覚資料問題や配列問題，正誤判定を行う問題に時間をかけられるようにしたい。

対策

01 教科書が基本

教科書をベースとした標準問題が中心なので，教科書の精読と理解が最も重要で効果的である。問題の大部分は教科書の重要語句であり，史料や視覚資料も教科書に記載されている場合が多い。これら教科書の内容を単に記憶するのではなく，『日本史探究 書き込み教科書 詳説日本史』（山川出版社）などを活用して，歴史的事項を歴史の流れに沿って整理しておくことを勧める。天皇・執権・将軍・内閣総理大臣など時代の軸となる人物に関する政治的事項に重点をおいて，その政権に関わる外交・経済・文化を関連付けて学習することで配列問題や正誤問題への対策にもなる。正文・誤文を判別する問題では，歴史用語および人物名の詳細な知識が必要となる場合もあるので，『日本史用語集』（山川出版社）などで確認しよう。

02 視覚資料および史料学習は重要

視覚資料の選択や統計を読み取る問題が例年出題されている。2024年度の『公卿補任』からの統計資料，古代の宮都の図版，2023年度の近代文学の『麦と兵隊』・『太陽のない街』・『浮雲』を年代順に配列する問題では正確な知識が求められた。美術遺産や地図問題については，『新詳日本史』（浜島書店）などの図録を用いて，図版の時代区分や地図上の位置を確実にイメージできるようにしておきたい。

史料問題では，2024年度推薦の『伊東巳代治関係文書』や一般選抜の『看聞日記』の文章は受験生には初見で，難度が高いと思うかもしれないが，時代背景を考えながら読めば正解に到達できるものであった。史料の空欄に適語を入れる，内容を解読する，歴史的な背景を考えさせる，史料を選択させる問題があり，『詳録新日本史史料集成』（第一学習社）などの史料集を用いて，史料の時代背景・本文・出典・大意などをとらえ，解説をよく読んで学習を深めておいてほしい。

03 実戦演習は問題集や過去問で

出題されているのは，いずれも歴史学習の基本となる部分である。教科書で歴史の内容および流れを学習して標準的な時代別・テーマ別の問題集に取り組もう。推薦は歴史用語・人名の正確な漢字による表記が要求されるので記述形式の問題集も何冊かこなしておきたい。文章の正誤判断や正文・誤文の組合せ問題，歴史的事項を年代順に並べる配列問題には『共通テスト 過去問研究 歴史総合，日本史探究』（教学社）などを活用して練度を高めておく必要がある。また，大学の特徴をとらえた文化・思想の学習を深めるために本書を活用して過去問演習を行い，出題傾向を確実に把握し，頻出分野を整理することで効率的な受験対策を進めていくことができる。

世界史

年度	番号	内　容	形　式
2024 ●	〔1〕	古代ローマ文化	選択・正誤
	〔2〕	イスラーム教・イスラーム世界	正　誤
	〔3〕	宋代の経済　⊘地図	選　択
	〔4〕	19～20世紀のドイツとその周辺	選　択
2023 ●	〔1〕	先史時代	正誤・選択
	〔2〕	10～16世紀の東南アジア	選　択
	〔3〕	明・清代の産業・文化	選　択
	〔4〕	国連の成立と第二次世界大戦直後の世界　⊘視覚資料	選　択

（注）●印は全問，◑印は一部マーク方式採用であることを表す。

傾向　地図・視覚資料が出題　教科書学習を中心に行おう

01　出題形式は？

全問マーク方式による出題で大問4題。解答個数は2023年度は36個，2024年度は33個であった。語句ならびに正文・誤文選択問題や2つの文章の正誤を判断する正誤法が出題され，年代順を問う配列法が出題された年度もある。2024年度には地図を用いた問題が出された。また，2023年度には視覚資料が用いられたが，解答に影響を与えるものではなかった。試験時間は50分。

なお，2025年度は出題科目が「世界史探究」となる予定である（本書編集時点）。

02 出題内容はどうか？

地域別では，アジア地域では中国とその周辺地域の大問が必出となっている。西アジアからの出題も目立つが，2023 年度は東南アジアから大問が出題された。欧米地域では，ドイツとその周辺地域やアメリカ合衆国が多く出題されている。

時代別では，古代から現代まで幅広く問われている。

分野別では，政治・外交史を中心に出題され，小問レベルで文化史や社会・経済史が問われるが，2024 年度は〔1〕で文化が，〔3〕で経済がそれぞれテーマとなって出題された。

03 難易度は？

教科書レベルの知識をきちんと身につけていれば十分に対応が可能な基本的な問題が中心である。ただ，受験生が苦手としやすい文化史や現代史で差がつく可能性は高い。また，2つの文章の正誤問題で用いられる文章は教科書の欄外や『世界史用語集』（山川出版社）の説明文レベルなので，難度は上がる。なお，2023 年度は〔1〕で学習が後まわしになりがちな先史時代が出題されたため，得点差が生じたと思われる。試験時間は，解答するには十分である。落ち着いて対処しよう。

対策

01 教科書中心の学習を大切に

教科書レベルの知識で十分に対応可能な問題がほとんどであり，繰り返し教科書を読み，その内容をしっかりと身につけることが重要である。地図問題や，やや細かい知識を問う問題も出題されているので，教科書の本文だけではなく，地図や脚注にも目を通しておこう。

また，世界史の教科書は複数あり，記述内容の詳しさにも差があるので，『世界史用語集』（山川出版社）などを利用して，歴史上の事項や人名をチェックする習慣をつけておくことが望ましい。

02 「一問一答」や正文・誤文選択問題への対策

毎年マーク方式で出題されており,「一問一答」で適切な語句・人名を選択させる問題が大半を占めている。また,正文・誤文の選択問題は,毎年必ず出題されており,比較的難度の高い問題が出題されることもある。『山川 一問一答世界史』(山川出版社)のような一問一答式問題集や,正文・誤文の選択問題が多く掲載されている問題集を使って出題形式に慣れ,知識を確認し整理しておくとよい。

03 地図問題に注意

皇學館大学の地図問題は教科書レベルの出題である。重要な都市や河川,国境の変遷,貿易ルートなどについては必ず教科書の地図で位置を確認しておこう。

04 文化史は確実な学習を

文化史関連の問題は,小問で出題される場合が多い。文化史についてはテーマ別にまとめたサブノートを自分で作り,文化史に関する問題集を使って出題に慣れておくなど,きちんと対策をとるとよい。

05 過去問を解いておこう

過去問を解くことは,出題レベルを知り,出題形式に慣れておくために,欠かせないものである。実際に時間を計り,過去問を繰り返し解くことによって,実戦力を養うようにしよう。

政治・経済

年度	番号	内　容	形　式
2024 ●	〔1〕	国際連合	選　択
	〔2〕	国会，内閣，裁判所，地方自治のしくみ	選択・配列
	〔3〕	戦後日本経済の復興と高度経済成長	選　択
	〔4〕	日本の農業の変遷	選　択
2023 ●	〔1〕	日本の選挙制度	選　択
	〔2〕	三つの経済主体	選　択
	〔3〕	地方自治，NGO・NPO，社会保障など	選　択

（注）●印は全問，◑印は一部マーク方式採用であることを表す。

傾向　幅広い分野からの出題　用語集の活用を！

01 出題形式は？

全問マーク方式による出題で，2024 年度は大問 4 題，解答個数は 33 個であった。選択肢から適当なもの，あるいは適当でないものを選ぶ問題が中心で，リード文の空所補充問題もある。2024 年度は配列問題の出題がみられた。試験時間は 50 分。

02 出題内容はどうか？

2024 年度は，国会，内閣，裁判所，地方自治のしくみ，戦後の日本経済の復興と発展，日本の農業の変遷，国際連合など国際関係，国際政治を含む幅広い分野から出題された。また，2024 年度〔2〕の候補者男女均等法，〔4〕の食料自給率，「地域資源を活用した農林漁業者による新事業の創出等に関する法律」など時事的な事項を問う問題も出題されている。

03 難易度は？

教科書レベルの基本的な問題が中心であるが，正確な学習をしていなければ正文・誤文の判断に迷う。また，農家について主業農家，副業的農家，国際裁判について常設仲裁裁判所などやや細かい知識を問う設問も一部にみられる。

対策

01 基礎的な知識を身につけよう

基礎的な知識を問う問題は，正確に覚えておけば高得点が可能であるが，あなどると合格点には到達しない。教科書を精読し，憲法の条文にも目を通して，正確に解答できるようにしたい。

02 時事問題に関心を

環境問題，日本の司法制度改革，日本の選挙制度，近年の国際紛争，難民問題，障害者雇用などの政治課題や，株式会社を中心とする日本の企業に関わる経済面の課題や日本の農業，食料問題など現代社会の諸課題が多角的に問われている。日ごろから時事問題に関心をもつとともに，資料集などで統計データにも目を通しておきたい。

03 問題集・用語集の活用

問題集で知識の定着をはかることも重要である。答え合わせをする際には，かたわらに用語集や資料集を置き，なぜ間違ったのか，納得のいくまで調べることで知識は確実になる。また，問題集の解説をよく読むことも大事である。問題集として，『私大攻略の政治・経済 要点整理と問題演習』（河合出版）が重要事項の解説・整理がわかりやすく使いやすい。

04 過去問を勉強の仕上げに

仕上げとして，過去問の研究をしておきたい。過去問を解くことで出題の傾向を知ることができ，様々な分野の問題に一通り触れることもできる。

数　学

▶学校推薦型選抜　一般推薦入試

年度	番号	項目	内容
2024	〔1〕	小問 10 問	2 次関数，確率，場合の数，メネラウスの定理，不定方程式，解と係数の関係，三角関数の加法定理，累乗根，ベクトルの大きさ，等比数列の和
	〔2〕	図形と計量，ベクトル	余弦定理，ベクトルの内積，三角形の面積，角の二等分線定理，三角形の内心
	〔3〕	微・積分法	極大値・極小値，領域の面積　⊘図示

（注）　2024 年度より出題。

▶一般選抜　一般前期

年度	区分	番号	項目	内容
2024	教育〈数理教育コース〉以外●	〔1〕	数と式	式の値
		〔2〕	2 次関数	頂点の座標，関数の値，異なる 2 つの実数解をもつときの条件，少なくとも 1 つの実数解をもつときの条件
		〔3〕	確率	さいころを 3 回投げたときの出た目の最小値，最大値
		〔4〕	整数の性質	n 進法
	教育〈数理教育コース〉◑	〔1〕	2 次関数	頂点の座標，関数の値，異なる 2 つの実数解をもつときの条件，少なくとも 1 つの実数解をもつときの条件
		〔2〕	確率	さいころを 3 回投げたときの出た目の最小値・最大値
		〔3〕	図形と方程式，三角関数	直線の方程式，円の方程式，点と直線の距離の公式，正接の加法定理
		〔4〕	ベクトル	ベクトルの内積，三角形の面積，ベクトルの垂直条件
		〔5〕	微・積分法	微分法，接線の方程式，極大値・極小値，置換積分法，面積　⊘図示
		〔6〕	微・積分法	微分法，定積分で表された関数，最大値・最小値，接線の方程式，面積

2023 ●	教育〈数理教育コース〉以外	〔1〕	数と式	分母の有理化，文字式の値，二重根号
		〔2〕	2次関数	絶対値を含む方程式・不等式，実数解の個数
		〔3〕	場合の数	6人を組やグループに分ける方法
		〔4〕	確率	3人がじゃんけんをして勝者が決まる確率
	教育〈数理教育コース〉	〔1〕	2次関数	絶対値を含む方程式・不等式，実数解の個数
		〔2〕	確率	3人がじゃんけんをして勝者が決まる確率
		〔3〕	図形と方程式	円の接線の方程式，2円の交点を通る直線や円の方程式
		〔4〕	ベクトル	内分点，重心，直線と平面の交点
		〔5〕	微・積分法	定積分，接線の方程式，面積
		〔6〕	微・積分法	接線の方程式，面積，定積分

（注）●印は全問，◑印は一部マーク方式採用であることを表す。

教育学部〈数理教育コース〉以外：〔1〕〔2〕必須，〔3〕〔4〕のうちいずれか1題を選択。

教育学部〈数理教育コース〉：〔1〕〜〔4〕必須，〔5〕〔6〕のうちいずれか1題を選択。

出題範囲の変更

2025年度入試より，数学は新教育課程での実施となります。詳細については，大学から発表される募集要項等で必ずご確認ください（以下は本書編集時点の情報）。

	2024年度（旧教育課程）	2025年度（新教育課程）
教育〈数理教育コース〉以外	数学Ⅰ・A	数学Ⅰ・Ⅱ・A
教育〈数理教育コース〉	数学Ⅰ・Ⅱ・Ⅲ・A・B（数列，ベクトル）	数学Ⅰ・Ⅱ・Ⅲ・A・B（数列）・C（ベクトル）
	数学Ⅰ・Ⅱ・A・B（数列，ベクトル）	数学Ⅰ・Ⅱ・A・B（数列）・C（ベクトル）

旧教育課程履修者への経過措置

2025年度に限り，旧教育課程履修者の学習内容に配慮した出題範囲とする。

傾向　空所補充型で基本的な出題

01　出題形式は？

一般選抜の教育〈数理教育コース〉以外はすべてマーク方式の空所補充型であり，教育〈数理教育コース〉は一部マーク方式である。2024年度から出題の推薦は記述式であった。

一般選抜教育〈数理教育コース〉以外：必須問題が 2 題，選択問題が 1 題の計 3 題を解答する。試験時間は 50 分。

一般選抜教育〈数理教育コース〉：必須問題が 4 題，選択問題が 1 題の計 5 題を解答する。試験時間は 120 分。

推薦：必須問題のみ 3 題を解答する。試験時間は 2 科目 120 分または 1 科目 50 分。

02 出題内容はどうか？

数と式，2 次関数の出題が多く，場合の数，確率，図形と計量，図形と方程式，ベクトル，微・積分法からの出題もみられる。選択問題は 2023 年度が教育〈数理教育コース〉以外は場合の数と確率，教育〈数理教育コース〉は微・積分法（数学Ⅲと数学Ⅱ），2024 年度が教育〈数理教育コース〉以外は確率と整数の性質，教育〈数理教育コース〉は微・積分法（数学Ⅲと数学Ⅱ）という内容であった。

03 難易度は？

教科書の練習問題から章末問題程度の基本的なレベルである。図形に関する問題や場合の数，整数の問題については多様な考えを試す設問となっており，思考力を要することから，やや難しい出題となっている。

対策

01 教科書の基本的な内容を押さえよう

基本的な問題が中心である。まずは教科書の基本事項をきちんと理解することに全力を注ごう。基本～標準レベルの問題集（学校で購入した教科書傍用問題集など）を利用して演習するとよい。

02 各分野をまんべんなく問題演習しておこう

各分野の内容がバランスよく出題されているので，問題集を利用してすべての分野をまんべんなく学習することが重要である。特に，基本的な解法を身につけ，典型的な問題にはしっかり取り組むようにしておこう。場合の数は，教育〈数理教育コース〉以外で 2023・2024 年度と続けて選択問題として出題されている。多様な考え方が必要とされる設問もあり，やや応用レベルの演習にも取り組んでおきたい。

03 正確な計算力を身につけよう

マーク方式の問題では結果のみを解答するので，計算ミスのないよう計算力をつけておきたい。記述式の問題では多くの問題で筋道を立てた途中式を書く必要がある。いずれにせよ，普段の学習方法としては，解答の途中の過程や計算の過程をしっかり記述する学習をすることが有効である。

国　語

▶学校推薦型選抜　一般推薦入試

年度	番号	種　類	類別	内　容	出　典
2024	〔1〕	国語常識		書き取り，読み，筆順，総画数，部首	
	〔2〕	国語常識 現代文	評論	文法（口語），外来語，慣用句，ことわざ，故事成語，季語，表題（10字），内容説明（20・50字），主旨（35字），短文作成（25字5問），故事成語，慣用表現，ことわざ，四字熟語	「朝日新聞」
2023	〔1〕	国語常識		書き取り，読み，筆順，総画数，部首	
	〔2〕	国語常識 現代文	評論	文法（口語），敬語，慣用句，語意，表題（10字），内容説明（30字2問，40字），短文作成（25字5問），ことわざ，故事成語	「愛媛新聞」

▶一般選抜　一般前期

年度	番号	種　類	類別	内　容	出　典
2024 ●	〔1〕	現代文	小説	書き取り，語意，内容説明	「丸の内魔法少女ミラクリーナ」 村田沙耶香
	〔2〕	古　文	紀行	語意，文法，書き取り，指示内容，和歌修辞，内容説明，口語訳，文学史	「菅笠日記」 本居宣長
	〔3〕	漢　文	史伝	語意，口語訳，内容真偽	「後漢書」　范曄
2023 ●	〔1〕	現代文	評論	書き取り，語意，内容説明	「どうにもとまらない歌謡曲」 舌津智之
	〔2〕	古　文	日記	語意，口語訳，文法，内容説明，古典常識，文学史	「斎宮貝合日記」
	〔3〕	漢　文	説話	読み，内容説明	「瀟湘録」

（注）●印は全問，◐印は一部マーク方式採用であることを表す。

傾向 推薦は記述式で知識問題が中心 一般選抜はマーク方式で標準レベルの出題

01 出題形式は？

推薦：国語常識２題の出題であるが，現代文の文章を素材とする問題も含まれている。例年，解答形式はすべて記述式である。解答用紙はＡ３用紙２枚で，比較的大き目の解答欄が設けられている。試験時間は前期Ａが２科目で 100 分，前期Ｂが 50 分。配点は大問順に 50 点・50 点。

一般選抜：大問３題を解答する。現代文，古文，漢文の３題で，解答形式はすべてマーク方式である。試験時間は 50 分。配点は大問順に 50 点・35 点・15 点。

02 出題内容はどうか？

推薦：国語常識として，例年漢字の書き取りと読みが計 20 問出題されるほか，部首や筆順といった漢字にかかわる問題，四字熟語・ことわざ・慣用句・文法・熟語・文学史などの知識問題，短文作成が出題されている。現代文の設問では，例年記述による内容説明が出題されている。表題をつける問題なども出題されている。

一般選抜：**現代文**は評論または小説からの出題となっている。設問の内容は，漢字の書き取り，語意，内容説明など。主に文脈や全体の論旨の理解を問うものが中心となっている。

古文は，口語訳，内容説明を中心に，文法，文学史などが出題されており，そのため，内容把握が重要になる。基本的な語彙力・文法力が問われ，特に敬語や人物判定には注意が必要である。また，和歌に関する出題もあるので気をつけてほしい。

漢文は，口語訳，読み，書き下し文，語意，内容説明など。基本的な句法の理解が問われる。また，内容の正確な読み取りも必要である。

03 難易度は？

推薦は基本レベルだが，記述式なので，漢字の書き取りや短文を作る問題などには練習が必要である。また，意見論述には，統計などから内容を読み取る問題が出ることもあるので，過去問で練習しておいてほしい。一般選抜は標準レベルであるが，古文・漢文はしっかりとした読解力が必要で，やや難である。時間配分としては，国語常識などの知識問題を短時間ですませ，読解問題をしっかり検討するようにするとよいだろう。

対策

01 国語常識

漢字の読み書き，語の意味など言葉に関する知識問題が多く問われる。推薦では，書き取りと読みが記述式で計 20 問出題されている。いずれも基本的なものなので，正確に丁寧に書けるよう練習しておこう。加えて，四字熟語や慣用句，文法や文学史なども頻出なので，『大学入試 国語頻出問題 1200』（いいずな書店）などでまとめて練習しておきたい。特に新聞などで使用されているカタカナ語には注意するようにしてほしい。また慣用句を使って自分で短文を作る，辞書などから例文を書き出してまとめるなど，文章として覚えると生きた言葉を身につけることができる。

02 現代文

評論などの論理性を主とする文章では，筆者の論理に即した正確な読みが要求される。本文中に正解の根拠を求める練習を繰り返してほしい。普段から評論系の文章に触れ，読解力を強化するよう努めよう。また小説では，前後のつながりに重点をおいた読み取りの練習が必要である。いずれも問題集を繰り返し解くことによって本文の読解の仕方，問題の解き方のコツをつかむことが大切である。また，推薦では記述式の問題が出題されているので，過去問でしっかり練習しておきたい。

03 古　文

教科書をベースに，各時代のいろいろな作品に触れておく必要がある。また，文学史の知識や，和歌に関する知識などの古典常識を身につけておくこと。読解に役立つとともに，試験本番での自信にもつながる。さらに，基本的な古文単語はマスターし，文法（助動詞，助詞，陳述の副詞など）の知識は応用が利くようにしておきたい。人物把握は，敬語などに注意して，身分や立場を読み取り，会話や心情・行動の意図をつかむ練習をしておこう。

04 漢　文

教科書学習が基本である。教科書の文章を白文でノートに写し，自分で訓点をつけながら声に出して読んでいくことをすすめる。独特の言い回しやリズム，漢文における特有語などに慣れよう。また，基本的な句法についてはまとめて整理し，書き下し文などの設問に対応できるようにしておきたい。

2024年度

問題と解答

学校推薦型選抜　一般推薦入試

問　題　編

▶試験科目・配点

区　分		学部等	科　目	配　点
前期A	基礎学力型	文・現代日本社会	基礎学力試験（英語，日本史，国語から2科目選択）	200点 （各100点）
			調査書	
		教育（数理教育を除く）	基礎学力試験（英語，数学，国語から2科目選択）	200点 （各100点）
			調査書	
		教育（数理教育）	基礎学力試験（数学と「英語または国語から1科目選択」）	200点 （各100点）
			調査書	
前期B	基礎学力・面接型	文・現代日本社会	基礎学力試験（英語，日本史，国語から1科目選択）	100点
			面接（個人）約10分	100点
			調査書	50点
		教育（数理教育を除く）	基礎学力試験（英語，数学，国語から1科目選択）	100点
			面接（個人）約10分	100点
			調査書	50点
		教育（数理教育）	基礎学力試験（数学）	100点
			面接（個人）約10分	100点
			調査書	50点
後　期		全学部（教育〈数理教育〉を除く）	小論文	100点
			面接（個人）約10分	100点
			調査書	50点

▶備　考

• 基礎学力試験（数学）の範囲：数学Ⅰ・Ⅱ・A・B（数列・ベクトル）

英　語

(前期A：2科目100分)
(前期B：　　　50分)

I．次の各文の空所に入る最も適切なものを、それぞれ①～④の中から一つずつ選び、番号で答えなさい。（30点）

(1) She was born in Australia, but she grew (　　) in Japan.

① away　② by　③ on　④ up

(2) Even hard-working students could not answer such a (　　) question.

① beautiful　② difficult　③ lucky　④ rich

(3) The (　　) on the store said it was closed.

① example　② idea　③ product　④ sign

(4) Do you have any (　　) for tomorrow afternoon?

① career　② future　③ memories　④ plans

(5) Could you (　　) me your dictionary?

① borrow　② guide　③ lend　④ take

(6) I'd (　　) play basketball than swim.

① could　② extremely　③ rather　④ well

(7) I (　　) get up before noon on the weekends.

① badly　② exactly　③ rarely　④ yearly

(8) What do you (　　) I should wear?

① get　② look　③ mind　④ think

(9) I'm not (　　) to eating this kind of food.

① have　② need　③ ought　④ used

(10) All of my dreams have come (　　).

① correct　② right　③ true　④ wrong

Ⅱ. 次の対話文の空所に入る最も適切なものを、それぞれ①～④の中から一つずつ選び、番号で答えなさい。(15点)

(1) A: We have to leave now. (　　)

B: Not yet. I need a few more minutes.

① Are you ready?　② Can you make dinner?

③ Shall we take a nap?　④ Why did you do it?

(2) A: Did you get a ticket for the movie?

B: Yes, but I don't have time to go.

A: Really?

B: Yeah. (　　)

① I'm not strong enough.

② I've already seen it three times.

③ Would you buy me another ticket?

④ Would you like to use it?

(3) A: I'd like to take a break now.

B: Me, too. I brought a sandwich today. (　　)

A: I've got a couple of onigiri.

① How do you know?　② What about you?

③ Why are you here?　④ Why do you think so?

(4) A: Are you finished with your homework?

B: (　　). I think I'll work on it tomorrow.

① No. I haven't started it yet.　② No. It's not a good idea.

③ Yes. I'll borrow a book.　④ Yes. I'll go there tomorrow.

（5）A: Hey, would you like a drink?

B: Sure, I'd love one.（　　）

A: Well, I have green tea or coffee.

① How about some sugar?　② What kinds of drinks do you have?

③ When can I have a drink?　④ Where did you buy it?

Ⅲ. 次の各文の空所に①～⑤の語句を入れて正しい英文を完成させるとき、2番目と4番目に入るものの番号を答えなさい。解答欄にはこの順で書きなさい。(15点)

（1）彼女は笑いすぎて、泣き出してしまいました。

（① hard　② she　③ so　④ started　⑤ that）

She laughed ＿＿ ＿＿(2番目) ＿＿ ＿＿(4番目) ＿＿ crying.

（2）これが重大な事態だということがわかっていますか？

（① a　② is　③ matter　④ serious　⑤ this）

Do you realize that ＿＿ ＿＿(2番目) ＿＿ ＿＿(4番目) ＿＿ ?

（3）彼はあらゆる生い立ちの友人と交流しています。

（① backgrounds　② different　③ friends　④ from　⑤ of）

He has a wide circle ＿＿ ＿＿(2番目) ＿＿ ＿＿(4番目) ＿＿ .

（4）荷物が間違った場所に配達されました。

（① delivered　② the　③ to　④ was　⑤ wrong）

The package ＿＿ ＿＿(2番目) ＿＿ ＿＿(4番目) ＿＿ address.

（5）工場の稼動のためには莫大な量のエネルギーが必要です。

（① amounts　② energy　③ huge　④ need　⑤ of）

Factories ＿＿ ＿＿(2番目) ＿＿ ＿＿(4番目) ＿＿ to run.

Ⅳ. 次の英文を読んで、設問に答えなさい。(40点)

Kumihimo

Japan is home to many lovely historical and natural places that we can enjoy seeing with our eyes. However, it also contains interesting traditional handicrafts we can enjoy creating with our own hands. The word "handicraft" joins the word "hand" with "craft" to mean a skilled activity in which something is made in a traditional way with hands rather than by machines. Some people become experts after spending many years creating rare and valuable art. However, ordinary people can also participate in these cultural activities without special training. (1) For example, many people in recent years have learned how to make *kumihimo*. This handicraft combines threads to form delicate and beautiful patterns using traditional tools.

The act of gathering several threads together to make a single *kumihimo* has been part of Japanese culture for thousands of years. However, the use of *kumihimo* has changed over time to fit our lifestyles. In the past, *kumihimo* were used to decorate items such as clothing, weapons, and armor. (2) In recent years, customs have changed, and sometimes people wear *kumihimo* as hair decorations or as bracelets. By making *kumihimo*, we can experience one of Japan's ancient traditions while creating something unique to use in the present day.

【設問】

1. 下線部(1)、(2)を和訳しなさい。(各10点)

2. 次の質問に英語で答えなさい。(各5点)

(a) What does the word "handicraft" mean?

(b) How old is the *kumihimo* tradition?

3. 波線部の customs have changed の指す内容の例を、日本語で説明しなさい。(10点)

日本史

◀文・現代日本社会学部▶

（前期A：2科目100分
前期B：　　　　50分）

第 1 問 (25点)

聖武天皇と奈良時代の政治についてまとめた次の文章を読み、下の設問（問1～5）に答えなさい。

ⓐ平城京に都が移ってしばらく経った頃、病気によって平城京の多くの人々がなくなり、全国各地で災害やⓑ九州で反乱が起るなど、社会全体に不安が広がっていました。

このころ位についた聖武天皇は、政治を安定させるために、平城京からⓒ次々と都を移しました。

また、いっこうによくならない世の中をなげいた聖武天皇は、ⓓ仏教の力で社会の不安をしずめて国を治めようと願い、741年に莫大な費用をかけて国ごとに国分寺を建てることを命じました。

問1　下線部ⓐの平城京について、次に掲げる都城の復元図①・②のうち、平城京として正しいものをどちらか選びなさい。

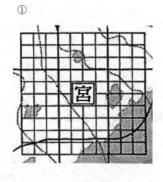

①

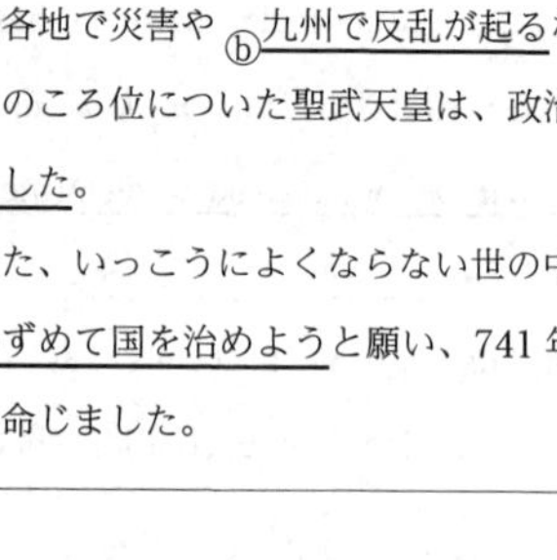

②

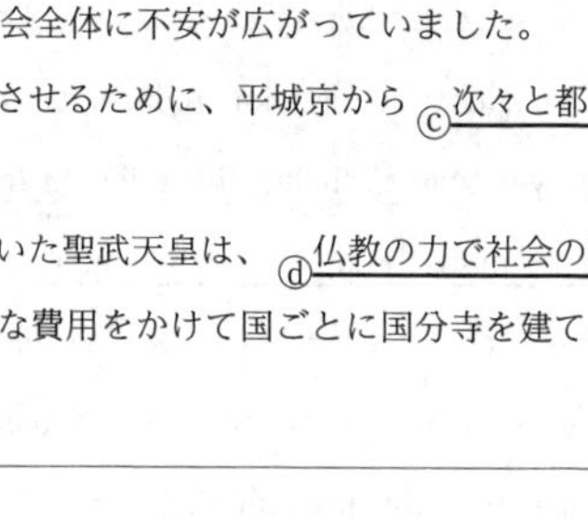

問2　下線部ⓑに関して、九州で起きた反乱として正しいものを、次の①～④のうちからひとつ選びなさい。

①　壬申の乱　　②　藤原広嗣の乱

③　恵美押勝（藤原仲麻呂）の乱　　④　伊治呰麻呂の乱

問3　下線部ⓒに関連して、聖武天皇が移した都の名前をひとつ漢字で答えなさい。

問4　下線部ⓓにあたる思想の名称を漢字4文字で答えなさい。

問5　この後、聖武天皇は多くの人たちの協力を集めて金銅の大仏を作ることを目指した。その経過について述べた次の文の空欄［ア］・［イ］・［ウ］を、それぞれ漢字で答えなさい。

聖武天皇は人々とともに仏の世界に近づこうと思い、金銅の大仏をつくることを決心し、「たとえ一本の草、ひとにぎりの土をもって大仏づくりに協力したいと願うものがいたら、そのまま認めるように」と呼びかけました。それに応じた僧［ア］は弟子たちとともに協力し、人々の力を集めるうえで大きな力となりました。

さらに、九州地方の神である［イ］が託宣して大仏づくりを支援したことが『続日本紀』に記されています。大仏づくりを契機に中央との関係を深めた［イ］への信仰は高まり、やがて天皇が僧［ウ］に皇位をゆずろうとした政治事件でも登場します。

第 2 問 (25点)

高校生のブンさんとフクさんが、一緒に日本史の勉強をしている時の次の会話を読み、下の設問（問1～3）に答えなさい。

ブンさん：日本史の勉強をしていると「○○の乱」とか「○○の変」とかあって、どう違うのかよくわからないよね。

フクさん：そのことなら前に先生に聞いたことがあるよ。「○○の乱」は時の政権に対して大規模な反乱を起こし鎮圧された戦い。「○○の変」は短期的なクーデターなどで時の政権担当者が倒された戦いのことらしい。

ブンさん：なるほど、平安末期、藤原信頼が源義朝と結んで挙兵したものの、平清盛によって鎮圧された［ア］の乱や、建武政権期、ⓐ鎌倉幕府最後の得宗北条高時の子時行が鎌倉幕府の再興を図って挙兵したものの、足利尊氏によって鎮圧された戦いを「乱」と呼ぶのに対し、室町時代、有力守護の赤松満祐が将軍足利義教を暗殺した［イ］の変や、安土桃山時代、ⓑ明智光秀が主君の織田信長を襲って殺した事件を「変」と呼ぶのはそれで説明できるね。でも例えば室町時代、将軍家の後嗣争いと畠山・斯波家の家督相続争いに、有力守護の細川勝元と山名持豊が介入して起こった［ウ］の乱は、それでは説明できないよ。

フクさん：単なる時の政権に対する反乱ではなく、全国規模の争乱を「乱」と呼ぶ場合もあるようだね。鎌倉時代、後鳥羽上皇が北条義時追討を命じて挙兵したものの、鎌倉幕府の圧倒的勝利に終わった［エ］の乱も、朝廷が幕府に「反乱」を起こすことはあり得ないという大義名分論から、かつて［エ］の変と呼ばれたこともあったらしいけど、その争乱の全国的規模から今では「乱」がふさわしいとされているよ。

ブンさん：その他に「○○の役」もあるよ。ⓒ鎌倉時代の［オ］・弘安の役や、ⓓ安土桃山時代の［カ］・慶長の役の例を見ると、どうやら対外戦争の場合に使われた用語のようだね。こうして用語の使い分け方を知ると、面倒な歴史用語も単なる暗記科目ではなくなるような気がするよ。

問1　空欄［ア］～［カ］に入る年号としてふさわしいものを、次の語群のうちから選んで記号で答えなさい。

A　応仁　　B　嘉吉　　C　承久　　D　文永　　E　文禄　　F　平治

問2　下線部ⓐ・ⓑの「乱」と「変」の歴史的名称を、それぞれ漢字で答えなさい。

問３　下線部ⓒ・ⓓの対外戦争について、「○○の役」とは別の歴史的名称を、それぞれ漢字で答えなさい。

第 3 問 （25 点）

19 世紀の内憂外患と天保の改革について述べた次の文章を読み、下の設問（問 1～4）に答えなさい。

19 世紀に入ると、江戸幕府を取り巻く状況はいっそう悪化していった。

まず、国内問題（内憂）としては、天保 4 年（1833）から天保の飢饉が発生し、農村や都市に困窮者があふれ、各地で百姓一揆や打ちこわしが頻発した。大坂では、天保 8 年に大坂町奉行所の元与力で陽明学者であった①吉村虎太郎が、「救民」の旗印をかかげて門弟や民衆を率いて武装蜂起する事件が発生した。

次に、国外問題（外患）としては、いわゆる「鎖国」体制の動揺がある。19 世紀になると、日本の港や近海に外国船が接近することが際立って多くなるが、この背景には、太平洋を横断して中国大陸を目指す欧米の商船や北太平洋で操業する捕鯨船の増加があった。幕府は外国船に穏便に対応する方針を取ってきたが、文政 8 年（1825）、②薪水給与令を出してこれを転換し、外国船を撃退することを命じた。これにより天保 8 年には、通商交渉をもとめて浦賀沖に現れたアメリカ商船を砲撃するという事件が発生している。また、天保 11 年にはⓐイギリスと清国との間で戦争が勃発したとの情報がもたらされ、幕府に衝撃を与えた。

このような内憂外患のなか、長らく実権を握ってきた大御所の徳川家斉が没したことで、幕政改革の機会が到来した。天保 12 年に開始されたこの改革を推し進めたのは 12 代将軍の信任を得た老中の水野忠邦で、幕府権力の強化を目指して様々な政策が取り組まれた。実施にあたっては、かつて行われた享保の改革やⓑ寛政の改革が強く意識された。

諸政策のうち、都市対策としては、江戸の人別改めを強化し、百姓の出稼ぎを禁止するとともに、江戸に流入した貧民の帰郷を強制する③人返しの法を発し、荒廃した農村の再建をはかろうとした。さらに、物価騰貴の原因が十組問屋などの④蔵元が上方市場からの商品流通を独占しているためと判断し、これの解散を命じた。しかし、いずれも失敗に終わることになる。

このほか、ⓒ将軍が大名・旗本らを率いて日光東照宮に参拝に赴く日光社参を挙行した。これは幕府の力と威光を誇示することが狙いであったが、20 万人もの人々を動員するものであったため、夫役を負担した農民たちの反発も招くとともに、幕府財政を悪化させた。

結局、水野は天保 14 年に上知令が撤回されると辞職を余儀なくされ、改革は失敗に終わった。

この失敗は幕府権力を低下させ、幕府の弱体化をもたらすことになった。

問1　下線部①～④の語句が正しい場合は○、誤りの場合は正しく訂正しなさい。

問2　下線部ⓐに関して、この戦争の名称を書きなさい。

問3　下線部ⓑに関して、次の狂歌の空欄［　　］に入る語句を漢字2字で答えなさい。

白川の清きながれに魚すまず　にごる［　　］の水ぞ恋しき

（『翁草』巻百八十九）

問4　下線部ⓒに関して、江戸幕府の歴代将軍のうち日光社参を行った将軍を一人漢字で書きなさい。

第 4 問 （25点）

明治期の政党に関して述べた次の文章を読み、下の設問（問1～3）に答えなさい。

民撰議院設立建白書の提出にあたって、征韓派前参議たちによって結党された愛国公党は、日本最初の政党であると言われている。結党メンバーの［ア］が、郷里の不平士族と共に佐賀の乱を起こしたこともあって、愛国公党は結党後ほどなく自然消滅してしまった。

自由民権運動が広がりを見せ、明治23年の国会開設が公約されると、全国規模の政党が相次いで成立した。代表的なものは［イ］と［ウ］である。［イ］は国会期成同盟が勢力の中心となって、［エ］が党首となり、［ウ］は開拓使官有物払下げ事件をきっかけに下野した［オ］が党首となった。

両党は政府による取り締まり強化や、深刻な不景気などに直面して、解党ないしは解党状態に陥ったが、国会開設を前に民権派の大同団結の動きが活発になり、政党再建が進んだ。これに対して政府は、［カ］を公布して民権派を東京から追放し、また憲法発布直後に［キ］首相が、政党の意向に政府の政策は左右されないとする超然主義の立場を表明した。

したがって帝国議会が開かれると、民党が過半数を占めた衆議院と政府とが予算問題や条約改正問題をめぐって対立し、その構図はいわゆる初期議会を規定した。これが初期議会後になると、政府と政党との関係に変化が生じ、ⓐ両者の提携と断絶が繰り返されていく。その延長線上にⓑ桂園時代が位置づけられるが、本格的な政党政治の到来はもう少し後の時代のことになる。

問１　空欄 ア ～ ウ に入る語句を漢字で答えなさい。また空欄 エ ～ キ に入る人名や語句を、次の語群のうちから選んで答えなさい。

【語群】

集会条例　　東京市区改正条例　　保安条例

板垣退助　　伊藤博文　　大隈重信　　尾崎行雄　　黒田清隆　　福地源一郎　　山県有朋

問２　下線部ⓐに関する次の史料は、第２次伊藤博文内閣が政党との提携にあたって、首相が閣僚を集めて行った演説の要旨の一部である。これに基づいて、第２次伊藤内閣にとって政党と提携するメリットは何だったかを説明しなさい。

【史料】（現代語訳）

我が国を取り巻く戦後の情勢を踏まえれば、国の内外に向かって施設しなければならない事業は、軍備の充実、航路の拡張、通商の発達、実業の奨励等、急を要するものがとても多い。これらの事業を実現させるにあたって、議会で賛成を得られるかどうかは、国家の命運に関わることである。したがって、議会で仮に全会一致の賛成を得られなくても、必ずや多数の賛成を得る必要がある。

（『伊東巳代治関係文書』）

問３　下線部ⓑにおける政権担当者二人を、それぞれ漢字で答えなさい。

数　学

◀教育学部▶

（前期A：2科目100分）
（前期B：　　　　50分）

第　1　問（必須問題）（30点）

次の各問いに答えよ。ただし，解答用紙には，答えのみを記入すること。

(1) 2点 $(-2,\ 0)$，$(4,\ 0)$ を通り，直線 $y=-2x+5$ 上に頂点をもつ二次関数を求めよ。

(2) Aの袋には白玉3個，赤玉5個が入っており，Bの袋には白玉4個，赤玉2個が入っている。A，Bの袋から玉を1個ずつ取り出すとき，取り出した玉の色が同じである確率を求めよ。

(3) 男子9人，女子7人のクラスから，3人の委員を選ぶとき，男子が少なくとも1人含まれるような選び方は何通りあるか。

(4) △ABCにおいて，辺ABを5：3に内分する点をP，辺ACを7：3に外分する点をQ，直線PQと辺BCとの交点をRとする。このとき，BR：CRを求めよ。

(5) $xy=2x+2y+4$ を満たす自然数 x，y の組をすべて求めよ。ただし，$x \geqq y$ とする。

(6) 2次方程式 $2x^2-3x+4=0$ の2つの解を α，β とするとき，$\alpha^3+\beta^3$ の値を求めよ。

(7) $\dfrac{7}{12}\pi=\dfrac{\pi}{3}+\dfrac{\pi}{4}$ であることを利用して，$\sin\dfrac{7}{12}\pi$ の値を求めよ。

(8) $\sqrt[3]{5}$, $\sqrt{3}$, $\sqrt[4]{8}$ を大きい順に並べよ。

(9) $\vec{a}=(-3,\ 4)$, $\vec{b}=(1,\ -1)$ と実数 t に対して, $|\vec{a}+t\vec{b}|$ の最小値を求めよ。

(10) 初項3, 公比2の等比数列の第5項から第10項までの和 S を求めよ。

第　2　問 (必須問題) (30点)

△ABC において, AB = 6, BC = 5, CA = 4 とし, △ABC の内心を I とする。このとき, 次の問いに答えよ。

(1) $\sin A$ の値を求めよ。

(2) 内積 $\overrightarrow{AB}\cdot\overrightarrow{AC}$ の値を求めよ。

(3) △ABC の面積 S を求めよ。

(4) △ABC の∠A の二等分線と辺 BC との交点を D とする。このとき, BC : DC を求めよ。

(5) $\overrightarrow{AI}$ を $\overrightarrow{AB}$, $\overrightarrow{AC}$ を用いて表せ。

第 3 問 (必須問題) (40点)

次の問いに答えよ。

[1] 関数 $f(x)=x^3+ax^2+bx+1$ (ただし，a，b は定数とする) は，$x=-1$ で極大値 5 をとる。このとき，次の問いに答えよ。

(1) 定数 a，b の値を求めよ。

(2) 極小値を求めよ。

[2] 次の 3 つの曲線 $y=x^2$ …①，$y=2x+3$ …②，$y=-2x+8$ …③ について考えるとき，次の問いに答えよ。

(1) 曲線①と②，①と③，②と③の交点の座標をそれぞれ求めよ。

(2) 連立不等式 $\begin{cases} y \geqq x^2 \\ y \leqq 2x+3 \\ y \leqq -2x+8 \end{cases}$ の表す領域 D を図示せよ。

(3) (2) で描いた領域 D の面積 S を求めよ。

国語

（前期A：二科目一〇〇分
前期B：五〇分）

第一問　次の問い（問一～三）に答えなさい。（配点50）

問一　傍線部①～⑮の片仮名を漢字に、⑯～⑳の漢字を平仮名に直しなさい。

① このバスはA地区を走るジュンカンバスだ。

② 日本新記録のタイムが電光ケイジ板に表示された。

③ 日本人選手のアメリカでの活躍に、大きなシゲキを受けた。

④ 十分なショウコがまだ揃（そろ）っていない。

⑤ 今年四月に、新規事業をスイシンする課へ異動になった。

⑥ 度重なる自然災害により、日本経済は大きなソンシツを被った。

⑦ パトカーが不審な車をツイセキしている。

⑧ 食品テンカ物を使っていないお菓子を購入する。

⑨ 相手の話をニンタイ強く聞き、理解するよう日々努めている。

⑩ ドンヨクに一点を取る姿勢で決勝戦の試合に臨んだ。

⑪ 手術は局所マスイで行われ、その日のうちに帰宅できるようだ。

⑫ ムボウな挑戦だと言われ、周囲から反対された。

⑬ この店は、世界中の多様なメイガラのお茶を扱っている。

⑭ 小さい頃、飛行機のモケイをよく作って遊んだ。

⑮ この本を読んでいると、ユカイな気分になってきた。

⑯ この病は、発症から四週間ほどで治癒するとされている。

⑰ 来月から水道管を敷設する工事が始まる。

⑱ 町長は収賄を糾弾され、辞職した。

⑲ ここは霊験あらたかなパワースポットとして人気だ。

⑳　鍋に水を入れ、火にかけ、沸騰したら食材を入れる。

問二　空欄［①］～［⑤］に当てはまる漢字または平仮名を入れなさい。ただし、［①］についてはその部分をなぞりなさい。

①　漢字「論」の第十三画は［①］である。

〔解答欄〕論

②　漢字「派」の総画数は［②］画である。

③　漢字｛曹・昼・暑・暗・時｝のうち、**部首が「日」でないもの**は「［③］」である。

④　「為替」の読みは、「［④］」である。

⑤　漢字｛昔・扇・責・寂・夕｝のうち、**共通の音読みを持たない漢字**は「［⑤］」である。

第二問　次の問い（問一～四）に答えなさい。（配点50）

問一　空欄［①］～［⑤］に当てはまる語句を入れなさい。

①　付属語のうち、「私が本を読む。」の傍線部のように名詞に付いて用言が表す意味との論理的な関係を示す品詞を［①］という。

②　「去りて」が「去って」、「待ちて」が「待って」になるような変化を［②］音便という。

③　｛アルバイト・ポコペン・コンペイトー・バラ・カステラ｝のうち、**外来語でないもの**は［③］である。

④　慣用句｛二束A文・Bつ子の魂百まで・仏の顔もC度まで・朝三暮D・二人E脚｝のA～Eのうち、**異なるもの**を漢字で書くと［④］である。

⑤　季語｛虫干し・西行忌（さいぎょうき）・蚊帳（かや）・時鳥（ほととぎす）・雨乞い｝のうち、**夏の季語でないもの**は［⑤］である。

問二　次の新聞記事を読み、後の問い（①〜④）に答えなさい。

　朝起きて、見慣れた自分の顔を鏡で見る。不思議だ。右と左は鏡のなかで逆になるのに、なぜ上下は反転しないのだろう。片目をつぶってみたり、顔を斜めにしたりしても変わるのは左右だけ▼ひょっとして(1)私の目が横についているからか。それとも地球の重力のせいなのか。なんでもプラトンの時代から続く古典的な問いだそうだが、いまだに決定版の答えは見つかっていないとか▼見方を変えれば、上と下はそれぐらい固定された前提なのかもしれない。オランダの抽象画家モンドリアンの絵が75年以上にわたって逆さまに展示されていた、とのニュースが話題になったのも上下反転が驚きだったからだ▼美術の専門家たちは面目なかっただろう。「正しい向き」でなくても「最もニューヨークらしい絵」と高く評価されていた。固定観念にとらわれるとき、真実は見えにくくなる▼夏目漱石は『吾輩は猫である』で逆さに見る比喩をあげ、発想を転換する大切さを説いた。猫氏いわく「偶（たま）には(2)股倉（またぐら）から『ハムレット』をみて、君こりゃ駄目（だめ）だよ位にいう者がないと、文界も進歩しないだろう」▼きょうは大みそか。激動の1年を振り返りつつ、新たな年を思って心に刻む。右でもなく左でもなく、上や下にもこだわらない。「まさか逆（さか）さま」は逆から読んでも「まさか逆（さか）さま」。どこまでも自由な発想の小欄でありたい。

（令和四年一二月三一日『朝日新聞』「天声人語」による）

① この新聞記事に大見出し（タイトル）を五字以上一〇字以内で付けなさい（小見出しやサブタイトルは不要）。

② 傍線部（1）「私の目が横についているからか」とあるが、筆者はなぜこのように解釈したと考えられるか。五〇字以内で説明しなさい（句読点を含む）。

③ 傍線部（2）「股倉から『ハムレット』をみて」とあるが、それはどうすることか。二〇字以内で説明しなさい（句読点を含む）。

④ この新聞記事が読者に伝えたかったことは何か。三五字以内で述べなさい（句読点を含む）。

問三　次の①〜⑤の語句を用いて一五字以上二五字以内の短文を作りなさい（句読点を含む）。

① おずおず
② ひっぱりだこ
③ 浅薄
④ 果敢
⑤ 高名

問四　空欄 ① 〜 ⑩ に入る最も適当な語句を、後の語群（A〜T）からそれぞれ一つずつ選び、記号で答えなさい。ただし、同じ記号は二回以上用いないこと。

① 彼は去年の雪辱を果たすために臥薪（がしん） ① で猛練習をしている。
② 難しくても読書百遍 ② あらわるだから繰り返し読もう。
③ 未熟だった若者は ③ 勉励の末、後に著名な学者となった。
④ 両親は子どものために昼夜を問わず骨身を ④ 働いた。
⑤ 雨垂れ石を ⑤ ように彼女はこつこつと努力して大成した。
⑥ 貧しかった彼も ⑥ 成って、見事大学に合格した。
⑦ ⑦ の上にも三年でようやく仕事が面白くなった。
⑧ 才能があっても ⑧ 磨かざれば光なしで宝の持ち腐れだ。
⑨ 楽に身に付けようとしても学問に ⑨ なしだ。
⑩ 彼女は苦心 ⑩ して努力を重ね、ついに実験に成功した。

（語群）

A 石　B 岩　C 穿（うが）つ　D 王道
E 惜しまず　F 折って　G 艱難辛苦（かんなんしんく）　H 義おのずから
I 君子豹変（ひょうへん）　J 蛍雪（けいせつ）の功　K 刻苦　L 惨憺（さんたん）
M 四苦　N 術数　O 嘗胆（しょうたん）　P 晴天の霹靂（へきれき）
Q たたく　R 玉　S 本道　T 山

小論文

▲後　期▼

（六〇分　解答例省略）

【Ⅰ】　次の文章を読んで、後の問いに答えなさい。

先日、テレビでこんな光景を目にしました。海水浴場でタレントさんがビキニ姿の女の子にクイズを出題しています。問題は「○○は熱いうちに打て。さて、○○に入る言葉は？」という諺の穴埋め問題でした。女の子は4人組です。口々に「えー、知らなーい。何だろう？」「あ、釘かも。釘だよ、きっと」「釘って、熱いっけ？」などと、頓珍漢なことを笑いながら言い合っています。

そんな流れの中で、一人の女の子が「悪じゃない？」と言ったんです。それに他の3人が反応して、「悪？」「どうして？」「どういう意味？」と、その突拍子もない珍答に関心を示しました。「悪」と言った女の子は続けます。「だって、悪い奴はさ、出てきたなっていうところでガーンとやってやんなきゃ、しばくとかしないとダメじゃん」――。もちろん、漫才師のように、笑わせるためにぼけたわけではありません。どちらかと言うと、〈私、今、いいこと言ってる〉と誇らしげです。

私は、バカバカしい、と思ってリモコンに手を伸ばしました。そのとき、一人の女の子が「そうかも」と同調したのです。びっくりです。伸ばした手が縮みました。すると、他の2人も「あ、それだ、悪は熱いうちに打てだよ」「そうだ、そうだった」と納得してしまい、4人声を揃えて「せーの、『悪』！」と元気よく答えました。驚愕です。

驚愕なんて、大袈裟な。若い女の子の常識なんてその程度だと思われましたか。私が驚いたのは、「悪は熱いうちに打て」という珍答にではありません。答を知っている者にとっては珍答である解答が、それを知らなかった4人にとって、一番確からしい解答になっていく過程に驚いたのです。つまり、「推論」が正しくできない人ばかりが集まってグループ・ディスカッションすると、このような事態に陥ってしまう危険性が高いことを思い知ったのです。

もう一つ、思い当たることがあります。娘が小学校4年生のときのことです。理科の授業で星の光について勉強したそうです。先生は「星は今光って見えるから、今輝いているように見えるかもしれないけれど、遠いところにある星の光が地球に届くまでには時間がかかります。だから、今、見ている星の光は何万年も前に輝いた光なのです」と説明しました。ついでに、1年に光が進む長さを1光年ということも勉強しました。

クラスの生徒たちが「ふ〜ん」とわかったようなわからないような微妙な反応を示しているときに、娘は先生に質問しました。「太陽はどうですか？」

先生はちょっと困ったような表情をされたそうです。すると、場の空気を読むことに長けた男の子が、「ばーか、太陽の光はいま光ったに決まっとるじゃろ」と言ったのです。その大声を機にたくさんの生徒が口々に「そうじゃ、そうじゃ、太陽は今に決まっとる。さっきのは星の話や」と言い出し、結局、太陽は今光ったことに「決まった」そうです。もちろん、間違いです。太陽の発した光が地球に届くのには8分ぐらいかかります。アクティブ・ラーニング*はこんな危険性を孕んでいるのです。

（新井紀子『AI vs. 教科書が読めない子どもたち』による）

*アクティブ・ラーニング：教員が一方的に授業を行うのではなく、児童・生徒が能動的に参加する活動を取り入れた学習法。発見学習、問題解決学習、経験学習、調査学習の他、教室内でのグループ・ディスカッション、ディベート、グループ・ワークなどを行うことでも取り入れられる。

問一　右の文章の内容を二〇〇字以内でまとめなさい。

問二　授業においてアクティブ・ラーニングを行う際には、どのようなことに配慮するべきでしょうか。本文の内容をふまえて、あなたの考えを四〇〇字以内で書きなさい。

【2】　左の図から読み解くことのできる学校の音楽科教育の問題点は何か、それに対してどのような取り組みが必要なのかについて、四〇〇字以内で述べなさい。

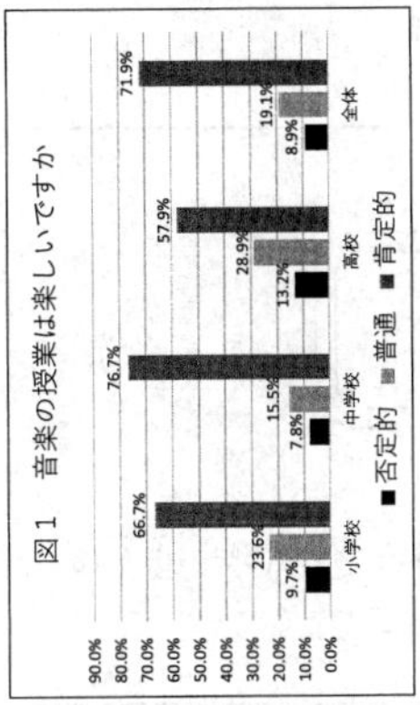

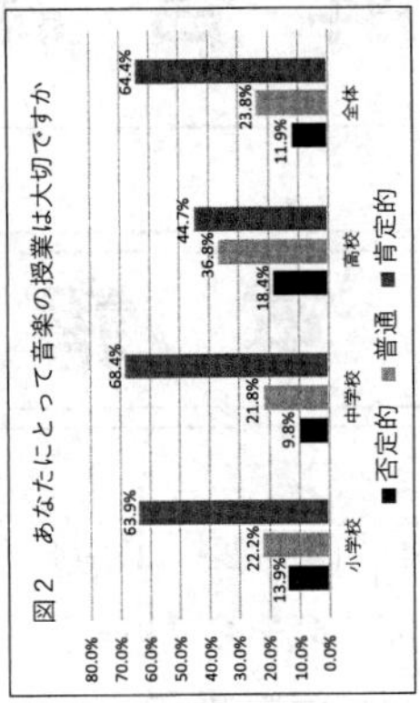

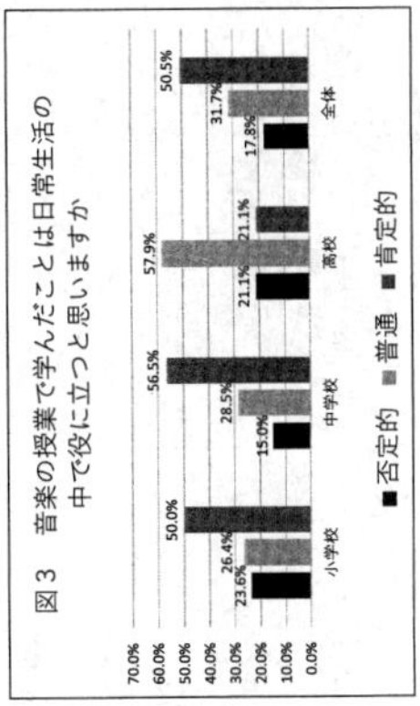

①　Web調査実施時期：2015年5月～7月

②　回答者数（入力人数）

●　合計＝303名（男子51％／女子49％）

●　小学生＝72名：全回答者の24％（4年1名、5年2名、6年69名）

●　中学生＝193名：全回答者の64％（1年52名、2年79名、3年62名）

●　高校生＝38名：全回答者の12％（1年22名、2年0名、3年15名、4年1名）

（「『音楽についてこう考える、こう言いたい』学習者アンケートWeb調査の分析―子供にとって音楽は『アイデンティティやコミュニケーション』のツール」『音楽教育実践ジャーナル』13巻2号による）

解答編

英語

I 解答

(1)—④　(2)—②　(3)—④　(4)—④　(5)—③　(6)—③
(7)—③　(8)—④　(9)—④　(10)—③

解説

(1)　grow up「育つ」

(2)　such + (a/an) + 形容詞 + 名詞「こんなに〜な…」

(3)　sign「標識，表示」

(6)　would rather *do* than …「…するよりむしろ〜したい」

(7)　rarely「めったに〜ない」 準否定語である。

(9)　be used to *doing*「〜することに慣れている」

(10)　come true「(夢などが) 実現する，本当になる」

II 解答

(1)—①　(2)—④　(3)—②　(4)—①　(5)—②

解説

(1)　Are you ready?「準備はいいですか？」

(2)　Would you like to *do*?「〜しませんか？」

(3)　What about you?「あなたはどう？」

(5)　would you like 〜？「〜はいかがですか？」

III 解答

(2番目，4番目の順に) (1)—①，②　(2)—②，④
(3)—③，②　(4)—①，②　(5)—③，⑤

解説

(1)　(She laughed) so <u>hard</u> that <u>she</u> started (crying.)

so … that ～「(とても) …なので～」

(2) (Do you realize that) this is a serious matter(?)

(3) (He has a wide circle) of friends from different backgrounds(.)

(4) (The package) was delivered to the wrong (address.)

(5) (Factories) need huge amounts of energy (to run.)

huge amounts of「莫大な量の」

Ⅳ 解答

1. (1) しかし，普通の人々もまた，特別な訓練をせずにこうした文化活動に関わることができる。

(2) 昔は，組み紐が衣類や武器や甲冑(かっちゅう)といった物を装飾するために使われていた。

2. (a) It means a skilled activity in which something is made in a traditional way with hands rather than by machines.

(b) It has been part of Japanese culture for thousands of years.

3. 組み紐が髪飾りやブレスレットとして使われることもあること。

解説

《組み紐》

1. (1) ordinary people「普通の人々」 participate in「参加する，関与する」

(2) ～ (,) such as …「…のような～」の…に複数の名詞が *A*, *B*, and *C* の形で挙げられている。

2. (a) 「"handicraft" という単語は何を意味するのか？」

第1段第3文 (The word "handicraft" …) の内容を答える。

(b) 「組み紐の伝統はどれくらい古いですか？」

第2段第1文 (The act of …) に述べられている。英文の質問に答える形なので単語を抜き出すのではなく文章で解答するのが望ましい。

3. 波線部の直前の文 (In the past …) に過去の使用法，直後に近年の使用法が説明されている。

日本史

◀文・現代日本社会学部▶

1 解答 《聖武天皇と奈良時代の政治》

問1. ② **問2.** ② **問3.** 恭仁京・難波宮・紫香楽宮のうちから1つ

問4. 鎮護国家 **問5.** **ア.** 行基 **イ.** 宇佐神宮 **ウ.** 道鏡

2 解答 《中世・近世の戦乱と事件》

問1. **ア**－F **イ**－B **ウ**－A **エ**－C **オ**－D **カ**－E

問2. ⓐ中先代の乱 ⓑ本能寺の変

問3. ⓒ蒙古襲来（元寇） ⓓ壬申・丁酉倭乱

3 解答 《内憂外患と天保の改革》

問1. ①大塩平八郎 ②異国船打払令 ③－○ ④株仲間

問2. アヘン戦争 **問3.** 田沼

問4. 徳川秀忠・徳川家光・徳川家慶・徳川吉宗・徳川家治・徳川家慶から1つ

4 解答 《明治期の政党》

問1. **ア.** 江藤新平 **イ.** 自由党 **ウ.** 立憲改進党 **エ.** 板垣退助
オ. 大隈重信 **カ.** 保安条例 **キ.** 黒田清隆

問2. 政党と提携することで議会での多数を形成し，軍備の増強や増税などに必要な議会の同意を得る。

問3. 桂太郎 西園寺公望

数 学

◀教育学部▶

1 解答 《小問 10 問》

(1) $y=-\frac{1}{3}x^2+\frac{2}{3}x+\frac{8}{3}$ (2) $\frac{11}{24}$ (3) 525 通り

(4) 7：5 (5) $(x,\ y)=(6,\ 4),\ (10,\ 3)$ (6) $-\frac{45}{8}$

(7) $\frac{\sqrt{6}+\sqrt{2}}{4}$ (8) $\sqrt{3},\ \sqrt[3]{5},\ \sqrt[4]{8}$ (9) $\frac{\sqrt{2}}{2}$ (10) 3024

2 解答 《図形と計量，平面のベクトル》

(1) △ABC において余弦定理より

$$\cos A=\frac{CA^2+AB^2-BC^2}{2CA\cdot AB}=\frac{4^2+6^2-5^2}{2\cdot 4\cdot 6}=\frac{9}{16}$$

$\sin A>0$ より

$$\sin A=\sqrt{1-\cos^2 A}=\sqrt{1-\left(\frac{9}{16}\right)^2}=\frac{5\sqrt{7}}{16} \quad \cdots\cdots(答)$$

別解 $|\overrightarrow{BC}|^2=|\overrightarrow{AB}-\overrightarrow{AC}|^2=|\overrightarrow{AB}|^2-2\overrightarrow{AB}\cdot\overrightarrow{AC}+|\overrightarrow{AC}|^2$

$|\overrightarrow{AB}|=6,\ |\overrightarrow{BC}|=5,\ |\overrightarrow{AC}|=4$ より

$$5^2=6^2-2\overrightarrow{AB}\cdot\overrightarrow{AC}+4^2$$

すなわち $\overrightarrow{AB}\cdot\overrightarrow{AC}=\frac{27}{2}$

$\cos A=\frac{\overrightarrow{AB}\cdot\overrightarrow{AC}}{|\overrightarrow{AB}||\overrightarrow{AC}|}$ より $\cos A=\frac{\frac{27}{2}}{6\cdot 4}=\frac{9}{16}$

$\sin A>0$ より

$$\sin A=\sqrt{1-\cos^2 A}=\sqrt{1-\left(\frac{9}{16}\right)^2}=\frac{5\sqrt{7}}{16}$$

(2)　$\overrightarrow{AB}\cdot\overrightarrow{AC}=|\overrightarrow{AB}||\overrightarrow{AC}|\cos A=4\cdot6\cdot\frac{9}{16}=\frac{27}{2}$　……(答)

(3)　$S=\frac{1}{2}CA\cdot AB\sin A=\frac{1}{2}\cdot4\cdot6\cdot\frac{5\sqrt{7}}{16}=\frac{15\sqrt{7}}{4}$　……(答)

別解　$S=\frac{1}{2}\sqrt{|\overrightarrow{AB}|^2|\overrightarrow{AC}|^2-(\overrightarrow{AB}\cdot\overrightarrow{AC})^2}$

$$=\frac{1}{2}\sqrt{4^2\cdot6^2-\left(\frac{27}{2}\right)^2}=\frac{15\sqrt{7}}{4}$$

(4)　ADは∠Aの二等分線より

　BD：CD＝AB：AC＝6：4＝3：2

よって　BC：DC＝5：2　……(答)

(5)　点Dは線分BCを3：2に内分するので

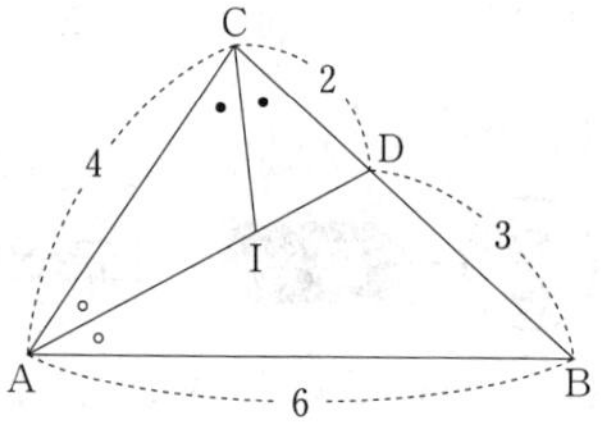

$$\overrightarrow{AD}=\frac{2\overrightarrow{AB}+3\overrightarrow{AC}}{3+2}$$

$$=\frac{2}{5}\overrightarrow{AB}+\frac{3}{5}\overrightarrow{AC}\quad\cdots\cdots①$$

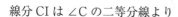

線分CIは∠Cの二等分線より

　AI：ID＝AC：CD＝4：2＝2：1

よって①より

$$\overrightarrow{AI}=\frac{2}{3}\overrightarrow{AD}=\frac{2}{3}\left(\frac{2}{5}\overrightarrow{AB}+\frac{3}{5}\overrightarrow{AC}\right)$$

$$=\frac{4}{15}\overrightarrow{AB}+\frac{2}{5}\overrightarrow{AC}\quad\cdots\cdots(答)$$

3　解答　《微・積分法》

1. **(1)**　$f(x)$を微分して　$f'(x)=3x^2+2ax+b$

$f(x)$は$x=-1$で極値をとるので

$$f'(-1)=3-2a+b=0\quad\cdots\cdots①$$

そのときの極値が5より

$f(-1)=-1+a-b+1=5$ ……②

①，②を解いて　$a=-2,\ b=-7$

このとき

$f(x)=x^3-2x^2-7x+1$

$f'(x)=3x^2-4x-7=(x+1)(3x-7)$

であり，増減表は以下のとおり。

x	$\cdots$	-1	$\cdots$	$\frac{7}{3}$	$\cdots$
$f'(x)$	$+$	0	$-$	0	$+$
$f(x)$	↗	極大	↘	極小	↗

よって条件を満たすので

$a=-2,\ b=-7$ ……(答)

(2) (1)の増減表より，極小値は

$$f\left(\frac{7}{3}\right)=\left(\frac{7}{3}\right)^3-2\left(\frac{7}{3}\right)^2-7\cdot\frac{7}{3}+1$$

$$=-\frac{365}{27}$$ ……(答)

2．(1) (i) ①と②の交点の座標

①と②を連立して

$x^2=2x+3$

すなわち　$x^2-2x-3=0$

これを解いて　$x=-1,\ 3$

$x=-1$ のとき　$y=1$

$x=3$ のとき　$y=9$

よって　$(-1,\ 1)$，$(3,\ 9)$ ……(答)

(ii) ①と③の交点の座標

①と③を連立して

$x^2=-2x+8$

すなわち　$x^2+2x-8=0$

これを解いて　$x=-4,\ 2$

$x=-4$ のとき　$y=16$

$x=2$ のとき　$y=4$

よって　$(-4,\ 16),\ (2,\ 4)$　……(答)

(iii)　②と③の交点の座標

②と③を連立して

$$2x+3=-2x+8$$

すなわち　$4x=5$

これを解いて　$x=\dfrac{5}{4},\ y=\dfrac{11}{2}$

よって　$\left(\dfrac{5}{4},\ \dfrac{11}{2}\right)$　……(答)

(2)　求める領域 D は右図の網掛け部分。ただし境界線上を含む。

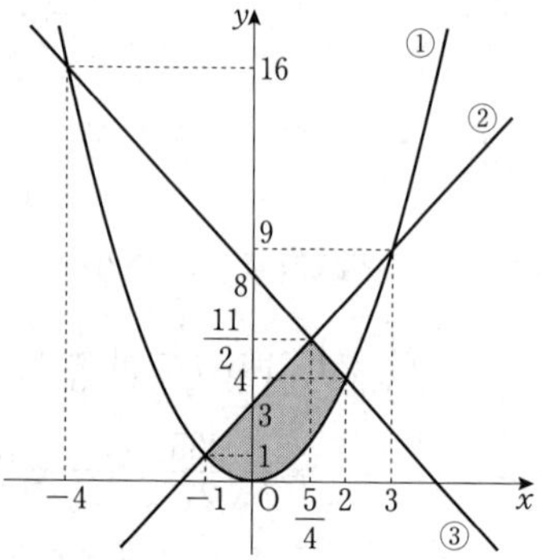

(3)　(2)の図より

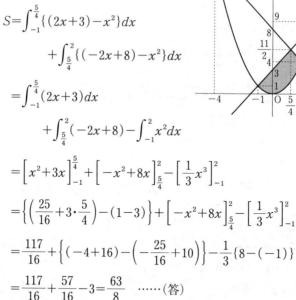

$$S=\int_{-1}^{\frac{5}{4}}\{(2x+3)-x^2\}dx+\int_{\frac{5}{4}}^{2}\{(-2x+8)-x^2\}dx$$

$$=\int_{-1}^{\frac{5}{4}}(2x+3)dx+\int_{\frac{5}{4}}^{2}(-2x+8)-\int_{-1}^{2}x^2dx$$

$$=\Big[x^2+3x\Big]_{-1}^{\frac{5}{4}}+\Big[-x^2+8x\Big]_{\frac{5}{4}}^{2}-\left[\frac{1}{3}x^3\right]_{-1}^{2}$$

$$=\left\{\left(\frac{25}{16}+3\cdot\frac{5}{4}\right)-(1-3)\right\}+\Big[-x^2+8x\Big]_{\frac{5}{4}}^{2}-\left[\frac{1}{3}x^3\right]_{-1}^{2}$$

$$=\frac{117}{16}+\left\{(-4+16)-\left(-\frac{25}{16}+10\right)\right\}-\frac{1}{3}\{8-(-1)\}$$

$$=\frac{117}{16}+\frac{57}{16}-3=\frac{63}{8}$$　……(答)

国語

一　解答

問一　①循環　②掲示　③刺激　④証拠　⑤推進　⑥喪失　⑦追跡　⑧添加　⑨忍耐　⑩貪欲　⑪麻酔　⑫無謀　⑬銘柄　⑭模型　⑮愉快　⑯ちゆ　⑰ふせつ　⑱きゅうだん　⑲れいげん　⑳ふっとう

問二　①下記参照　②九　③曹　④かわせ　⑤扇

二　解答

問一　①格助詞　②促　③バラ　④四　⑤西行忌

問二　**出典**　「天声人語」（『朝日新聞』二〇二二年一二月三一日朝刊）

①発想の転換の大切さ（五字以上一〇字以内）

②鏡のなかで上下は変わらないのに左右が逆に見えるのは、目が左右についていることに関係すると考えたから。（五〇字以内）

③世間の評価とは異なる視点で見ること。（二〇字以内）

④固定観念にとらわれない自由な発想で物事を見ようとする姿勢の大切さ。（三五字以内）

問三　①犯人は前へ出ろと命じられ、彼はおずおずと進み出た。

②これは、どこの店でもお客からひっぱりだこの商品だ。

③君の考えはあまりにも浅薄で、私には受け入れがたい。

④何度も失敗したにもかかわらず、果敢に挑戦し続ける。

⑤高名な科学者の意見であっても、正しいとは限らない。（各一五字以上二五字以内）

問四　①―O　②―H　③―K　④―E　⑤―C　⑥―J　⑦―A　⑧―R　⑨―D　⑩―L

解説

問二　①　モンドリアンの絵のエピソードについて「固定観念にとらわれるとき、真実は見えにくくなる」と述べた後、夏目漱石についても「発想を転換する大切さを説いた」とし、最後に「自由な発想の小欄でありたい」としめくくっている。〈発想の転換〉〈自由な発想〉をキーワードにまとめたい。

② 傍線部(1)は鏡のなかで上下は反転しないのに左右が逆になる理由として挙げられている。目の位置に原因を求めたことを説明する。

③ 本文中に「逆さに見る比喩をあげ、発想を転換する大切さ」とある。

④ ①で考察した内容とも関連するが、「固定観念にとらわれるとき、真実は見えにくくなる」とした上で最終段落に「どこまでも…ありたい」とある。

一般選抜 一般前期

問 題 編

▶試験科目・配点

区分	学部		教科	科目	配点
3科目型	文・現代日本社会		外国語，地歴・公民，数学，国語	「コミュニケーション英語Ⅰ・Ⅱ・Ⅲ」，「日本史Bまたは世界史Bまたは政治・経済」，「数学Ⅰ・A」，「国語総合・現代文B・古典B」から3教科3科目選択 （ただし，外国語または国語を必ず選択すること）	各100点
3科目型	教育	数理教育コース	外国語	コミュニケーション英語Ⅰ・Ⅱ・Ⅲ	100点
			数学	数学Ⅰ・Ⅱ・Ⅲ・A・B（数列・ベクトル）または数学Ⅰ・Ⅱ・A・B（数列・ベクトル）	150点
			国語	国語総合・現代文B・古典B	50点
		数理以外教育コース	外国語，地歴・公民，数学，国語	「コミュニケーション英語Ⅰ・Ⅱ・Ⅲ」，「日本史Bまたは世界史Bまたは政治・経済」，「数学Ⅰ・A」，「国語総合・現代文B・古典B」から3教科3科目選択 （ただし，外国語・国語を必ず選択すること）	各100点
2科目型	文・現代日本社会		外国語，地歴・公民，数学，国語	「コミュニケーション英語Ⅰ・Ⅱ・Ⅲ」，「日本史Bまたは世界史Bまたは政治・経済」，「数学Ⅰ・A」，「国語総合・現代文B・古典B」から2教科2科目選択 （ただし，外国語または国語を必ず選択すること）	各100点
2科目型	教育	数理教育コース	外国語	コミュニケーション英語Ⅰ・Ⅱ・Ⅲ	50点
			数学	数学Ⅰ・Ⅱ・Ⅲ・A・B（数列・ベクトル）または数学Ⅰ・Ⅱ・A・B（数列・ベクトル）	150点
		数理以外教育コース	外国語，地歴・公民，数学，国語	「コミュニケーション英語Ⅰ・Ⅱ・Ⅲ」，「日本史Bまたは世界史Bまたは政治・経済」，「数学Ⅰ・A」，「国語総合・現代文B・古典B」から2教科2科目選択 （ただし，外国語または国語を必ず選択すること）	各100点

得意科目2科目型	全学部*	外国語, 地歴・公民, 数学, 国語	「コミュニケーション英語Ⅰ・Ⅱ・Ⅲ」,「日本史Bまたは世界史Bまたは政治・経済または数学Ⅰ・A」,「国語総合・現代文B・古典B」から2教科2科目選択 (ただし,外国語または国語を必ず選択すること)	各100点 (高得点科目を2倍)

＊教育（数理教育コース）を除く。

▶備　考

- 一般前期（3科目型，2科目型，得意科目2科目型）の3日程から各科目1日程分を掲載。
- 3科目型で4科目受験した場合は，高得点の3科目を利用する。
- 2科目型で3科目以上受験した場合は，高得点の2科目を利用する。
- 得意科目2科目型は，2科目のうち，高得点の科目を2倍し，合計300点とする。
- 得意科目2科目型で3科目受験した場合は，高得点の2科目を利用する。地理歴史と公民と数学からは1教科1科目を選択すること。
- 地理歴史・公民を選択する場合は，いずれか1科目を選択すること。
- 3科目型・2科目型では，英語資格取得者への優遇措置として，出願時点で「実用英語技能検定準1級以上（筆記のみ合格も可)」「GTEC 1200点以上」のいずれかの要件を満たしている場合は，外国語（英語）の科目を満点と換算し，合否判定を行う。

英　語

（50分）

I．次の英文は、日本の道路に関するものです。これを読んで、設問に答えなさい。（60点）

Japanese Roads

Roads can be seen as a symbol of a country's history and culture. Roman roads, in particular, are widely recognized as remarkable (1) commercial, cultural, military, political, and technological accomplishments. The significance of these roads can be seen in the English language today. You might be familiar with the saying, "All roads lead to Rome." This phrase appeared in the 12th century as "a thousand roads lead men forever to Rome." It meant that many paths could lead (2) people to the same destination or that there was more than one way to achieve a desired outcome.

（ア）　Similar to the roads of the Roman empire, the road network created by the ancient Japanese state also became a lasting symbol of the country's history and culture. In the third century, one foreign visitor to the Japanese islands wrote that the land has steep (a) hills and thick (b) forests, with roads like animal paths (c). For thousands of years, the islands probably only had these narrow routes that naturally formed as people and animals walked along them one century after another. However, by the Nara period (710–794), Japan had developed roads across the country, some of which were as wide as 20 meters. These roads were accompanied by stations for horses, known as "ekiba" or "tenma" in Japanese. Today, we can see the cultural influence (3) of these ancient roads on the so-called *ekiden*, a long-distance relay race, [after, is, named, this, which] road system. In certain (4) areas along the *ekiden* courses, the roads the athletes run on are in essentially the same location as the ones as those that ancient Japanese people traveled in the past.

（イ） While roads weren't well-kept during Japan's Medieval Period (12th to 16th centuries), in the Early-Modern period (17th to 19th centuries) the country developed better roads to create a safer and more convenient network for travelers. The Tokaido Road, a major highway that connected Edo (modern-day Tokyo) to Kyoto, played a significant(5) role in the growth of regions along its route. Today, its 53 stations remain symbols of Japanese culture from that time.

（ウ） The nation made huge investments in road engineering projects, allowing access to places that would have been impossible to go to in the past. Today, we take it for granted that we can easily and inexpensively drive through tunnels under the ocean and through mountains to reach our desired destinations. Many of the modern conveniences we enjoy would not exist without these advancements in transportation technology. By the early 21st century, the total length of expressways in Japan had exceeded(d) 8,000 kilometers.

（エ） Recently, Japan's advanced road culture has gained international recognition(e). A few years ago, a part of a road in a major city collapsed. A large amount of water was pouring in and filling the hole, so it seemed like it would be difficult to solve the problem. This road in Japan captured the attention of newspapers worldwide when workers quickly repaired the massive 30-meter-wide hole. People were surprised to see that within a few days, the road appeared as if nothing had ever occurred there. What this incident(f) demonstrates, along with numerous(6) other examples of rapid repairs, is Japan's commitment(g) to efficiency and quality in many aspects of society.

【設問】

1．下線部(1)～(6)の語の本文中の意味として最も適切なものを、それぞれ次の①～④の中から一つずつ選びなさい。(各2点)

(1) remarkable： ① clear ② extraordinary ③ observable ④ ordinary

解答番号は 1

(2) lead： ① ask ② follow ③ guide ④ start

解答番号は 2

(3) influence：　① crash　② effect　③ loss　④ weakness

解答番号は **3**

(4) certain：　① particular　② ready　③ safe　④ sure

解答番号は **4**

(5) significant：　① hidden　② important　③ minor　④ quiet

解答番号は **5**

(6) numerous：　① good　② limited　③ many　④ terrible

解答番号は **6**

2．波線部の語を並べ替えて完成させ、**7** と **8** に入る語を答えなさい。(両方とも正解で4点)

[after, is, named, this, which] road system

(　　) (**7**) (　　) (**8**) (　　)

① after　② is　③ this　④ named　⑤ which

3．下線部(a)～(g)の語の本文中の意味として最も適切なものを、次の①～⑦の中から一つずつ選びなさい。(各2点)

(a) steep　解答番号は **9**

(b) thick　解答番号は **10**

(c) path　解答番号は **11**

(d) exceed　解答番号は **12**

(e) recognition　解答番号は **13**

(f) incident　解答番号は **14**

(g) commitment　解答番号は **15**

① an unpleasant or unusual event

② a promise or decision to do something

③ a small trail made by walking

④ being thought of as very good

⑤ many things that are close together

⑥ something rising or falling sharply

⑦ to be a greater than expected number or amount

4．二重下線部の意味として、第1段落で述べられているものを、次の①～④の中から一つ選びなさい。(3点)　解答番号は **16**

① 近年、全部のローマの道が発掘されたこと

② 何かを成し遂げるにはさまざまな方法があること

③ 古代、人々は巡礼のためにすべてのローマ街道を歩いたこと

④ ローマを題材にした中世の小説の中にあったもの

5．第2段落で述べられている内容に含まれてないものを、次の①～④の中から一つ選びなさい。(3点)　解答番号は **17**

① Many thousands of years ago, Japan did not have large roads.

② The Nara period occurred during the eighth century.

③ Foreign visitors built narrow roads in ancient Japan.

④ People today run in races on Japanese roads.

6．第4段落の内容について、**18** ～ **21** に入る語を次の①～⑤の中から一つずつ選び完成させなさい。(各2点)

It is **18** difficult **19** expensive for us to travel around Japan using roads that **20** us under or through any **21** that stand in our way.

① nearly　② neither　③ nor　④ obstacles　⑤ take

7．次の英文を置く最も適切な場所を、次の①～④の中から一つ選びなさい。(2点)

解答番号は **22**

Beginning in the 19th century, Japan strengthened and expanded on its ancient roads to create an extensive transportation network that has made modern civilization possible.

① (ア)　② (イ)　③ (ウ)　④ (エ)

8．次の各文について、問題文の内容と合致するものには①を、そうでないものには②を選びなさい。(各２点)

(1) The importance of roads is reflected in the English language today.

解答番号は 23

(2) The government in ancient Japan made places for horses on their roads.

解答番号は 24

(3) During Japan's Medieval Period, people quickly rebuilt roads after they were damaged.

解答番号は 25

(4) The convenience and low cost of driving to places these days are aspects we often overlook.

解答番号は 26

(5) The government built over 8,000 kilometers of roads in ancient Japan.

解答番号は 27

(6) According to news reports, repairing the hole in the road took a very long time.

解答番号は 28

(7) According to the author, efficiency and quality are important values in Japan.

解答番号は 29

Ⅱ. 次の英文の空所 [30] ～ [43] に入る最も適切なものを、それぞれ①～④の中から一つずつ選びなさい。(各２点)

1. The children took turns going down the slide, one [30] another.

① after ② and ③ by ④ up

2. His winter boots looked out of [31] in the office.

① air ② money ③ place ④ time

3. His schedule is very [32] this month.

① busy ② close ③ fast ④ slow

4. [33] you need to do is write down what you think the answers are.

① All ② Every ③ That ④ Whenever

5. I was surprised to hear [34] my favorite restaurant had closed down.

① if ② nothing ③ that ④ which

6. This store's rice balls are more delicious than any of the [35] I've tried.

① none ② one ③ them ④ others

7. The weather forecast [36] it will be warm and sunny all week.

① says ② speaks ③ talks ④ tells

8. Her talents in music go [37] playing the piano; she can sing as well.

① before ② below ③ between ④ beyond

9. I'm [38] late for my classes.

① carefully ② immediately ③ rarely ④ sooner

10. I'm [39] if something might have happened to make him late for the meeting.

① attempting　② continuing　③ knowing　④ wondering

11. I called the hotel to see if I could [40] my stay for another night.

① end　② extend　③ lose　④ widen

12. I decided to [41] my trip because my schedule at work changed.

① arrive　② cancel　③ erase　④ produce

13. The bright red sunset I saw on my way home yesterday [42] a painting.

① broke into　② looked like　③ was about　④ worked with

14. Cut the vegetables and then put them in the pot of water to [43] them.

① bake　② boil　③ eat　④ measure

Ⅲ. 次の会話文を完成させるために [44] ～ [47] に入る最も適切なものを、それぞれ①～④の中から一つずつ選びなさい。(各3点)

1. A: Mari, are you ready for the race tomorrow?

B: Of course! I've been training for weeks. [44]

A: I feel the same way. I've made sure to run every evening before bed.

① How about you?
② How come?
③ What about John?
④ When do you do it?

2. A: What's the [45] in class tomorrow?

B: I'll be talking about the benefits of eating some fruit every day.

A: That sounds interesting. I'm looking forward to hearing all about it.

① difficult homework assignment

② purpose of the school trip

③ role of the special guest

④ topic of your presentation

3. A: Excuse me, **46**

B: Sure! Which size are you looking for?

A: I believe I'm a size 25, but I'd like to make sure they fit my feet comfortably.

① can I try on these shoes?

② could I borrow this for a minute?

③ do you sell any food in this store?

④ how much do you think it will cost?

4. A: It's getting late. Have you decided what we're going to have for dinner?

B: Not yet. I was thinking we could have something delivered from that new restaurant or **47**. Which do you prefer?

① check the ingredients

② heat up a frozen dinner

③ pick up something in the morning

④ take a break after work

日本史

（50分）

第 1 問 （21点）

古代の藤原氏について述べた次の文章を読み、下の設問（問1～7）に答えなさい。

大宝元年（701）に大宝律令が完成し、ⓐ律令制度による政治の仕組みが整った。国政の審議は「公卿」と呼ばれる上級貴族のうち、とくに［ア］以上の役職ある者によって行われた。公卿に任じられた人名は、『公卿補任』という名簿に記されている。試みに大宝律令が完成した大宝元年から、最後の六国史である［イ］が完成した延喜元年（901）まで、公卿の総数とそのうちの藤原氏の公卿の数を10年ごとに調べて**グラフ1**にまとめてみた。この**グラフ1**を手がかりにして、古代の政治のなかで大きな存在感を発揮した藤原氏について考えてみたい。

グラフ1　古代の公卿の数の推移　　（単位：人）

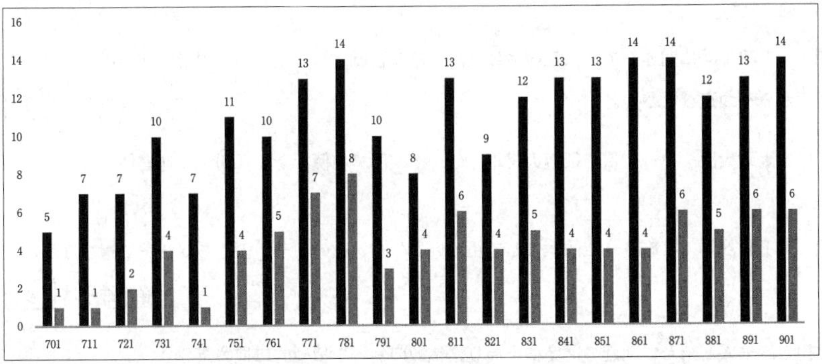

■公卿の総数　■藤原氏の公卿　　（『公卿補任図解総覧』より作成）

藤原氏はⓑ天皇を中心とした中央集権をめざす政治改革に参加した藤原鎌足を祖とし、その子孫からは途切れなく公卿を輩出したことが**グラフ1**によって明らかになる。

9世紀には藤原良房が天皇の幼少期間に政務を代行する［ウ］となってその地位を確立し、10世紀には藤原道長が3代の天皇を外孫として、政権の最高の地位を占めた。娘が皇后となった日に詠んだ道長の和歌〈望月の歌〉は、藤原氏の栄華を伝えるものとして、［エ］である『小右記(しょうゆうき)』に記されている。

問1 空欄［ア］・［イ］に入る語句の組み合わせとして正しいものを、次の①～④のうちから一つ選びなさい。 解答番号は［1］

① ア―参議 イ―『日本文徳天皇実録』
② ア―参議 イ―『日本三代実録』
③ ア―守（国司） イ―『日本文徳天皇実録』
④ ア―守（国司） イ―『日本三代実録』

問2 空欄［ウ］・［エ］に入る語句と文章の組み合わせとして正しいものを、次の①～④のうちから一つ選びなさい。 解答番号は［2］

① ウ―摂政 エ―男性が記した漢文の日記
② ウ―摂政 エ―女性が記したかなの日記
③ ウ―関白 エ―男性が記した漢文の日記
④ ウ―関白 エ―女性が記したかなの日記

問3 下線部ⓐに関連して、大宝律令に規定のある官職として正しいものを、次の①～④のうちから一つ選びなさい。 解答番号は［3］

① 太政大臣 ② 征夷大将軍 ③ 勘解由使 ④ 検非違使

問4 下線部ⓑで実施された政策として正しいものを、次の①～④のうちから一つ選びなさい。 解答番号は［4］

① 渡来人と結んで朝廷の財産権を握り、仏教の受容を積極的に進めた。
② 豪族の田荘・部曲を廃止して公地公民制への移行をめざす方針を示した。
③ 八色の姓を定めて天皇を中心とした新しい身分秩序を編成した。
④ 東北地方での戦いと新しい都城の造営を並行して推し進めた。

問5　**グラフ1**から読み取れる事柄**あ・い**と、その要因として考えられる最も適当な事柄**X・Y**との組み合わせとして正しいものを、下の①～④のうちから一つ選びなさい。

解答番号は **5**

グラフ1から読み取れる事柄

あ　781年から801年まで、公卿の数そのものが減少している。

い　藤原氏の公卿は731年には複数いたが、741年になると1人に減少している。

その要因として考えられる最も適当な事柄

X　流行した疫病により、藤原氏の4兄弟があいついで死去した。

Y　遷都に反対する勢力が造営責任者の藤原氏を暗殺する事件が起きた。

① **あ—X**　② **あ—Y**　③ **い—X**　④ **い—Y**

問6　**グラフ1**をみると、841年（承和8年）の公卿数は13名、そのうち藤原氏出身者は4名である。翌年の842年には承和の変が起きるので、事件後の公卿数と比較した**グラフ2**を作成してみた。

グラフ2　承和の変前後の公卿の数の推移　（単位：人）

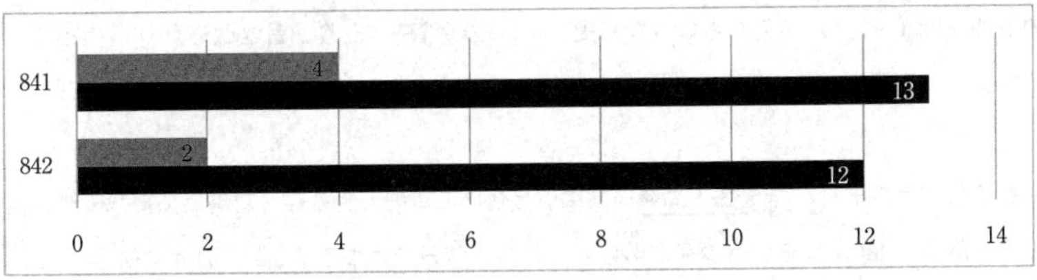

グラフ2から考えられる仮説を述べた文章中の空欄 **オ** と **カ** に入る語の組み合わせとして正しいものを、下の①～④のうちから一つ選びなさい。

解答番号は **6**

仮　説

> 藤原氏北家の発展は、権力の確立を図った藤原氏が、伴・橘・紀などの他氏族の排斥をはかって陰謀をめぐらしたと説明されることが多い。**グラフ2**では、承和の変後に藤原氏の公卿の数は **オ** のだから、他氏族の公卿排斥が事件の目的であったと **カ** のではないか。

① オ ― 増加している　　カ ― いえる
② オ ― 増加している　　カ ― いえない
③ オ ― 減少している　　カ ― いえる
④ オ ― 減少している　　カ ― いえない

問7　古代の藤原氏について述べた次の文 a~d について、正しいものの組み合わせを、下の①~④のうちから一つ選びなさい。　解答番号は 7

a　奈良時代の藤原氏は、娘を天皇に嫁がせ、天皇と密接な関係を築くことはなかった。
b　奈良時代の藤原氏は、公卿を輩出する一方、政治への不満から反乱を起こす者もいた。
c　平安時代の藤原氏は、娘を天皇に嫁がせ、藤原氏を外戚としない天皇はいなかった。
d　平安時代の藤原氏は、公卿のほかにも地方官に任じられ都を離れる者もいた。

① a・c　② a・d　③ b・c　④ b・d

第 2 問 (21点)

応永26年 (1419) 7月15日、時の九州探題が京都の朝廷・幕府に報告した次の史料を読み、下の設問 (問1~7) に答えなさい (なお史料は、一部省略したり、書き改めたりしたところもある)。

そもそも六月二十日、ⓐ蒙古・高麗一同に引き合いて軍勢五百余艘、対馬島に押し寄せ、彼の島を打ち取るの間、我ら大宰少弐が勢ばかりにて、時日をうつさず浦々泊々の舟着にて日夜合戦を致すの間、敵御方死する物その数をしらず (中略)。ⓑ海賊に仰せつけて夜昼を限らず、所々の合戦あるいは舟に乗り損じて海上に沈む物甚だ多し。さる間、ⓒ合戦最中奇特神変、不思議の事一廉ならず。敵の舟において雨風震動す (中略)。なかんずくにⓓ奇瑞には、合戦難儀の時節、いづくよりとはしらず、大船四艘錦の旗三流差したるが、大将とおぼしきは女人なり。その力量るべからず (中略)。二十七日半夜過ぐる程に異国の残の兵ども皆々引退し、蒙古打死と風聞す。(『看聞日記』同年8月13日条、原漢文)

問1　下線部ⓐには、本報告作成者の誤解がある。その誤りを正しく指摘した文章としてふさわしいものを、次の①～④のうちから一つ選びなさい。　解答番号は **8**

① この時、九州に襲来したのは、女真族の刀伊であった。
② この時、九州に襲来したのは、唐と新羅の連合軍であった。
③ この時、九州に襲来したのは、明と朝鮮の連合軍であった。
④ この時、九州に襲来したのは、朝鮮軍のみであった。

問2　下線部ⓑによると、九州探題は「海賊」（倭寇）と呼ばれる人々を動員して異国兵と戦っているが、彼らは主にどの地域の住民から構成されていたか。**誤っているもの**を、次の①～④のうちから一つ選びなさい。　解答番号は **9**

① 壱岐　② 種子島　③ 対馬　④ 肥前松浦

問3　下線部ⓒは、この事件から138年前に起きた異国船襲来の際、暴風雨が起こって異国船が大損害を受け、敗退した事実を下敷きにして生まれた偽情報であるが、それでは実際に暴風雨で異国船が敗退した戦いとして正しいものを、次の①～④のうちから一つ選びなさい。　解答番号は **10**

① 文永の役　② 弘安の役　③ 文禄の役　④ 慶長の役

問4　下線部ⓓに登場する女神は、伊勢神宮の祭神天照大神（もしくは八幡宮の祭神神功皇后）と考えられているが、このような思想が生まれてくる背景には、鎌倉時代末期、鎌倉仏教の影響を受けた独自の神道理論が、伊勢外宮の神官によって形成されたことが関係している。その神官の名前と、彼の著作物の組み合わせとして正しいものを、次の①～④のうちから一つ選びなさい。　解答番号は **11**

① 虎関師錬『元亨釈書』　② 虎関師錬『類聚神祇本源』
③ 度会家行『元亨釈書』　④ 度会家行『類聚神祇本源』

問5　この事件は、倭寇の禁止に積極的であった対馬島主が死去して倭寇の活動が活発化したため、倭寇の本拠地と考えられていた対馬が襲撃されたものであるが、それではこの当時、対馬島主を世襲していた氏族の名前として正しいものを、次の①～④のうちから一つ選びなさい。

解答番号は **12**

① 尚氏　② 陶氏　③ 宗氏　④ 李氏

問6　この当時、4代将軍足利義持が朝貢形式に反対して日明貿易が一時中断していたことも、倭寇の活動が活発化する一つの原因となっていたが、それでは義持以前に日明貿易を始めた人と、義持の死後、貿易を再開した人の人名の組み合わせとして正しいものを、次の①～④のうちから一つ選びなさい。

解答番号は **13**

① 足利尊氏　足利義教　② 足利尊氏　足利義政
③ 足利義満　足利義教　④ 足利義満　足利義政

問7　この事件ののち、日本と朝鮮半島との貿易は、一時中断したものの、16世紀初頭まで活発に行われた。しかし、1510年に朝鮮半島で起きたある事件をきっかけとして衰えた。その事件の名称として正しいものを、下の①～④のうちから一つ選びなさい。

解答番号は **14**

① 応仁の乱　② 三浦の乱　③ 寧波の乱　④ 壬辰・丁酉倭乱

第 3 問 (21点)

近世の経済に関する次の設問（問1～7）に答えなさい。

問1　次の文中の空欄 ア ・ イ に入る語句と人名の組み合わせとして正しいものを、下の①～④のうちから一つ選びなさい。　解答番号は 15

徳川家康は、スペインとの貿易にも積極的であった。スペインとの通行は、慶長元年(1596) の ア 以来絶えていたが、慶長14年 (1609) 年、ルソンの前総督ドン=ロドリゴが上総に漂着し、翌年、家康が船を与え、彼らをスペイン領メキシコに送ったのを機に復活した。この時同行したのが、京都の商人 イ である。

① ア サン=フィリペ号事件　イ 支倉常長
② ア フェートン号事件　イ 支倉常長
③ ア サン=フィリペ号事件　イ 田中勝介
④ ア フェートン号事件　イ 田中勝介

問2　次の文中の空欄 ウ ・ エ に入る語句と人名の組み合わせとして正しいものを、下の①～④のうちから一つ選びなさい。　解答番号は 16

江戸時代初期、 ウ 商人は、マカオを根拠地に中国産の生糸（白糸）を長崎に運んで巨利をえていたが、幕府は慶長9年 (1604)、糸割符制度を設けて、その商人らの利益独占を排除した。当時は、日本人の海外進出も盛んで、南方の各地に日本町がつくられ、渡航した日本人の中には エ のようにアユタヤ朝の王室に重く用いられたものもいる。

① ウ ポルトガル　エ 山田長政　② ウ スペイン　エ 山田長政
③ ウ ポルトガル　エ 角倉了以　④ ウ スペイン　エ 角倉了以

問3　次の文中の空欄 オ ・ カ に入る語句の組み合わせとして正しいものを、下の①～④のうちから一つ選びなさい。　解答番号は 17

17世紀初めから幕府や大名は、大規模な治水・灌漑工事を各地ではじめ、用水の体系を整備した。芦ノ湖を水源とする オ などが知られる。また、17世紀末からは町人請負新田が各地に見られた。湖沼干拓では カ のものが有名である。

① オ 見沼代用水　カ 下総椿海　② オ 箱根用水　カ 下総椿海
③ オ 見沼代用水　カ 有明海　④ オ 箱根用水　カ 有明海

問4　次の文中の空欄 キ ・ ク に入る語句の組み合わせとして正しいものを、下の①～④のうちから一つ選びなさい。　解答番号は 18

中世の終わりから近世のはじめに、海外から新しい精錬や排水の技術が伝えられ、製鉄技術も刷新され、各地では競って金銀銅の鉱山の開発がめざされた。なかでも キ は、世界でも有数の産出量に達し、東アジアの主要な貿易品となった。17世紀後半になると キ の産出量は急減し、かわって ク の産出量が増加した。 ク は拡大する貨幣の受容に応じるとともに、長崎貿易における最大の輸出品となった。

① キ 金　ク 鉄　② キ 銀　ク 鉄
③ キ 金　ク 銅　④ キ 銀　ク 銅

問5　次の文中の空欄 ケ ・ コ に入る人名の組み合わせとして正しいものを、下の①～④のうちから一つ選びなさい。　解答番号は 19

5代将軍・徳川綱吉の時代、勘定吟味役（のちに勘定奉行）の ケ は、収入増の方策として貨幣の改鋳を上申して、それが採用された。質の劣った小判の発行によって、幕府は多大な収入をえたが、貨幣価値の下落は物価の高騰を引き起こした。6代将軍・徳川家宣の時代になると、 コ が、正徳小判を鋳造させて、物価の騰貴をおさえようとした。しかし、再度の貨幣交換は、かえって社会に混乱を引き起こした。

① ケ 荻原重秀　コ 新井白石　② ケ 柳沢吉保　コ 新井白石
③ ケ 荻原重秀　コ 堀田正俊　④ ケ 柳沢吉保　コ 堀田正俊

問6　次の文中の空欄 サ ・ シ に入る語句と人名の組み合わせとして正しいものを、下の①～④のうちから一つ選びなさい。　解答番号は 20

17世紀中頃までに、金銀銭の三貨は、全国に行きわたり、商品流通の飛躍的な発展を支えた。しかし、東日本と西日本では、取引や貨幣計算の中心とされるものがちがっていた。東日本では、おもに サ が用いられた。貨幣は三都や各城下町の両替商により流通が促進された。伊勢松坂の出身である シ が、三都で呉服店とともに始めた両替商は、とくに有名な両替商の一つである。

① サ 金貨　シ 紀伊国屋文左衛門　② サ 銀貨　シ 紀伊国屋文左衛門
③ サ 金貨　シ 三井高利　④ サ 銀貨　シ 三井高利

問7　次の文中の空欄 ス ・ セ に入る語句と人名の組み合わせとして正しいものを、下の①～④のうちから一つ選びなさい。　解答番号は 21

年貢率は、その年の収穫に応じて決める検見法と、一定期間同じ率を続ける定免法があった。8代将軍・徳川吉宗は、 ス を広く取り入れて、年貢率の引き上げをはかり、年貢の増徴を目指した。また、吉宗は、 セ を登用して、救慌用の甘藷の普及を実現させた。

① ス 検見法　セ 青木昆陽　② ス 定免法　セ 青木昆陽
③ ス 検見法　セ 田中丘隅　④ ス 定免法　セ 田中丘隅

第 4 問 (21点)

明治～大正期の文化に関する次の設問（問1～7）に答えなさい。

問1　西洋音楽に関して述べた次の文章を読み、空欄 ア ・ イ に入る人名の組み合わせとして正しいものを、下の①～④のうちから一つ選びなさい。　解答番号は 22

西洋音楽の普及に大きな役割を果たしたのは、 ア らの努力により小学校教育に採用された唱歌であった。その後、 イ が本格的な交響曲の作曲や演奏に活躍するなどして、西洋音楽は人々にとって身近な存在となっていった。

① ア 伊沢修二　イ 滝廉太郎　② ア 伊沢修二　イ 山田耕筰
③ ア 川上音二郎　イ 滝廉太郎　④ ア 川上音二郎　イ 山田耕筰

問2　演劇に関して述べた次の文章を読み、空欄 ウ ・ エ に入る語句と人名の組み合わせとして正しいものを、下の①～④のうちから一つ選びなさい。　解答番号は 23

民権思想の宣伝を目的とした壮士芝居からはじまる ウ が大衆演劇として日露戦争後に全盛期を迎える一方、西洋の近代劇が翻訳・上演されて知識人層を中心に受け入れられた。後者の動きは、関東大震災後に エ が創設した築地小劇場で展開されていった。

① ウ 新劇　エ 小山内薫　② ウ 新劇　エ 河竹黙阿弥
③ ウ 新派劇　エ 小山内薫　④ ウ 新派劇　エ 河竹黙阿弥

問3　彫刻作品に関して述べた次の文X・Yについて、その正誤の組み合わせとして正しいものを、下の①～④のうちから一つ選びなさい。　解答番号は 24

X　荻原守衛の「女」は、西洋流の彫塑である。

Y　高村光太郎の「老猿」は、伝統的な木彫である。

① X 正　Y 正　② X 正　Y 誤

③ X 誤　Y 正　④ X 誤　Y 誤

問4　建築に関して述べた次の文X・Yと、それに該当する人名a～dとの組み合わせとして正しいものを、下の①～④のうちから一つ選びなさい。　解答番号は 25

X　東京駅や日本銀行本店を設計した。

Y　鹿鳴館やニコライ堂を設計した。

a　片山東熊　b　辰野金吾　c　コンドル　d　モース

① X—a　Y—c　② X—a　Y—d　③ X—b　Y—c　④ X—b　Y—d

問5　学術研究に関して述べた次の文X・Yと、それに該当する人名a～dとの組み合わせとして正しいものを、下の①～④のうちから一つ選びなさい。　解答番号は 26

X　民間伝承から民衆の生活史を明らかにする、民俗学を確立した。

Y　当時世界で最も強い永久磁石鋼である、KS磁石鋼を発明した。

a　津田左右吉　b　柳田国男　c　野口英世　d　本多光太郎

① X—a　Y—c　② X—a　Y—d　③ X—b　Y—c　④ X—b　Y—d

問6　雑誌の創刊に関して述べた次の文Ⅰ～Ⅲについて、古いものから年代順に正しく配列したものを、下の①～⑥のうちから一つ選びなさい。　解答番号は 27

Ⅰ　改造社が『改造』を創刊した。

Ⅱ　民友社が『国民之友』を創刊した。

Ⅲ　明六社が『明六雑誌』を創刊した。

① Ⅰ―Ⅱ―Ⅲ　② Ⅰ―Ⅲ―Ⅱ　③ Ⅱ―Ⅰ―Ⅲ
④ Ⅱ―Ⅲ―Ⅰ　⑤ Ⅲ―Ⅰ―Ⅱ　⑥ Ⅲ―Ⅱ―Ⅰ

問7　教育史の出来事に関して述べた次の文Ⅰ～Ⅲについて、古いものから年代順に正しく配列したものを、下の①～⑥のうちから一つ選びなさい。　解答番号は 28

Ⅰ　義務教育が4年間から6年間に延長された。
Ⅱ　教育勅語が発布され、忠君愛国を学校教育の基本とすることが強調された。
Ⅲ　大学令が制定され、単科大学の設置が認められた。

① Ⅰ―Ⅱ―Ⅲ　② Ⅰ―Ⅲ―Ⅱ　③ Ⅱ―Ⅰ―Ⅲ
④ Ⅱ―Ⅲ―Ⅰ　⑤ Ⅲ―Ⅰ―Ⅱ　⑥ Ⅲ―Ⅱ―Ⅰ

第 5 問 (16点)

日本の思想の歴史に関する次の設問 (問1～6) に答えなさい。(史料は、一部省略したり、書き改めたりしたところもある)。

問1　次の文中の空欄 ア ・ イ に入る人名と語句の組み合わせとして正しいものを、下の①～④のうちから一つ選びなさい。　解答番号は 29

奈良時代になると、仏教は国家の保護を受けて発展を遂げていった。天平勝宝5年 (753) には ア が日本に渡来し、戒律を伝えた。この戒律は当時の人々に受容され、聖武太上天皇・光明皇太后・孝謙天皇が ア から戒を受けている。受戒の場としては東大寺に戒壇がつくられたが、天平宝字5年 (761) には イ と下野薬師寺にも戒壇が設けられた。これを「本朝三戒壇」という。

① ア 行基　イ 筑紫観世音寺　② ア 行基　イ 比叡山延暦寺
③ ア 鑑真　イ 筑紫観世音寺　④ ア 鑑真　イ 比叡山延暦寺

問2　鎌倉仏教を代表する人物の一人として親鸞が挙げられる。次の史料の空欄 ウ ・ エ に入る語句の組み合わせとして正しいものを、下の①～④のうちから一つ選びなさい。
解答番号は 30

［ウ］なをもちて往生をとぐ、いはんや悪人をや。しかるを、世のひとつねにいはく、「悪人なを往生す、いかにいはんや［ウ］をや」と。この条、一旦そのいはれあるににたれども、本願他力の意趣にそむけり。そのゆへは、自力作善（さぜん）の人は、ひとへに他力をたのむこゝろかけたるあひだ、［エ］の本願にあらず。（『歎異鈔』）

① ウ　善人　エ　弥陀　② ウ　善人　エ　題目
③ ウ　国人　エ　弥陀　④ ウ　国人　エ　題目

問3　次の文中の空欄［オ］・［カ］に入る語句の組み合わせとして正しいものを、下の①～④のうちから一つ選びなさい。　解答番号は［31］

鎌倉時代末期には、鎌倉仏教の影響を受けた独自の神道理論が誕生した。それは伊勢神宮の神官らによって生み出された伊勢神道（度会神道）で、［オ］という考え方に特色があった。そして、南北朝時代になると、伊勢神道の思想を踏まえて北畠親房が［カ］をまとめている。

① オ　本地垂迹説　カ　『愚管抄』
② オ　本地垂迹説　カ　『神皇正統記』
③ オ　神本仏迹説　カ　『愚管抄』
④ オ　神本仏迹説　カ　『神皇正統記』

問4　次の文中の空欄［キ］・［ク］に入る語句と人名の組み合わせとして正しいものを、下の①～④のうちから一つ選びなさい。　解答番号は［32］

戦国時代になると、日本にキリスト教が伝わった。天文18年（1549）、［キ］の宣教師が日本で布教を行うため鹿児島に上陸した。その後、多くの宣教師が来日し、積極的にキリスト教を広めた。これにより、南蛮寺やコレジオなどがつくられることになる。また、当時の大名のなかには［ク］や有馬晴信のように洗礼を受ける者も現れた。これをキリシタン大名という。

① キ　フランシスコ会　ク　島津義久　② キ　フランシスコ会　ク　大村純忠
③ キ　イエズス会　ク　島津義久　④ キ　イエズス会　ク　大村純忠

問5　江戸時代の国学に関して述べた次の文**X**・**Y**について、その正誤の組み合わせとして正しいものを、下の①～④のうちから一つ選びなさい。　解答番号は［33］

X　本居宣長は『古事記伝』を著した。

Y　賀茂真淵は江戸幕府の援助を受けて和学講談所を設立した。

① X 正　Y 正　　② X 正　Y 誤
③ X 誤　Y 正　　④ X 誤　Y 誤

問6　次の文中の空欄 ケ ・ コ に入る人名と語句の組み合わせとして正しいものを、下の①～④のうちから一つ選びなさい。　解答番号は 34

五・一五事件の後、国内政治に対する政党の影響力は低下し、かわって軍部や反既成政党・革新・現状打破を掲げる勢力の発言力が強くなっていった。そのようななか、昭和 10 年(1935) には、貴族院において菊池武夫が ケ の憲法学説を反国家的であると非難したことに端を発する天皇機関説問題が起きた。ここでは現状打破をのぞむ陸軍、立憲政友会の一部、右翼、在郷軍人会などが激しい排撃運動を行い、この結果、岡田啓介内閣は コ を出すことになった。

① ケ 美濃部達吉　コ 国体明徴声明　　② ケ 美濃部達吉　コ 戊申詔書
③ ケ 矢内原忠雄　コ 国体明徴声明　　④ ケ 矢内原忠雄　コ 戊申詔書

世界史

（50分）

第 1 問　(24点)

古代ローマの生活や文化に関する以下の文章を読み、下記の設問に答えなさい。

ローマ帝国はその支配を通して、地中海世界にギリシア・ローマの古典文化を広めた。ローマでは土木・建築技術も発達し、都市には浴場、凱旋門、闘技場などが建設された。ⓐガール水道橋に見られるように、土木技術は高い水準にあった。ローマの実用的文化の遺産としては、コロッセウムや（　ア　）、（　イ　）など、今日に残るものも多い。

ローマの文化遺産として後世に大きな影響を与えたのがローマ法である。はじめはローマ市民だけに適応されたが、やがて帝国に住むすべての人々に適用される万民法となった。6世紀に（　ウ　）が編纂させた『ローマ法大全』がその集大成である。また、ⓑカエサルはⓒユリウス暦を制定した。

文学においては、ウェルギリウスらの作品にギリシア文学の影響が強く出ている。歴史記述の分野では、リウィウスの（　エ　）や、タキトゥスの（　オ　）が有名である。（　カ　）を書いたプルタルコス、『地理誌』を書いたストラボンのようなギリシア人たちの書物も重要である。

問1　下線部ⓐの建築物がある場所は、現在の国のどこにあたるのか、①～④のうちから一つ選びなさい。　解答番号は **1**

①　ドイツ　②　ポーランド　③　フランス　④　ルーマニア

問2　空欄（　ア　）（　イ　）に入る語句の組み合わせとして正しいものを、次の①～④のうちから一つ選びなさい。　解答番号は **2**

①　ア　アゴラ　イ　アッピア街道
②　ア　パンテオン　イ　アッピア街道
③　ア　パンテオン　イ　王の道
④　ア　アゴラ　イ　王の道

問3　空欄（　ウ　）に入る人名として正しいものを、次の①～④のうちから一つ選びなさい。

解答番号は **3**

① ユスティニアヌス大帝　② トラヤヌス帝

③ ハドリアヌス帝　④ コンスタンティヌス帝

問4　下線部ⓑの人物の著作として正しいものを、①～④のうちから一つ選びなさい。

解答番号は **4**

① 『国家』　② 『オデュッセイア』

③ 『イリアス』　④ 『ガリア戦記』

問5　下線部ⓒについて説明した文のX・Yについて、その正誤の組み合わせとして正しいものを、次の①～④のうちから一つ選びなさい。

解答番号は **5**

X　古代エジプトで用いられていた太陽暦が後にローマに採用されてユリウス暦となった。

Y　現在用いられているグレゴリウス暦は、ユリウス暦から作られたものである。

① X 正　Y 正　② X 正　Y 誤

③ X 誤　Y 正　④ X 誤　Y 誤

問6　空欄（　エ　）（　オ　）（　カ　）に入る語句を次から選択して答えなさい。

（　エ　）解答番号は **6**

（　オ　）解答番号は **7**

（　カ　）解答番号は **8**

① 『アエネイス』　② 『神の国』　③ 『対比列伝』（『英雄伝』）

④ 『自省録』　⑤ 『ゲルマニア』　⑥ 『博物誌』

⑦ 『ローマ建国史』　⑧ 『歴史』

第 2 問 (28点)

イスラーム教・イスラーム世界に関する用語と、それを説明する文章X・Yについて、その正誤の組み合わせとして正しいものを、それぞれ下の①～④の中から一つ選びなさい。

問1 ムハンマド　解答番号は 9

X：彼は、商業・宗教都市として栄えていたメディナの名門ハーシム族の出身である。

Y：610年頃、彼は預言者であることを自覚したとされる。

① X：正　Y：正　② X：正　Y：誤
③ X：誤　Y：正　④ X：誤　Y：誤

問2 『コーラン』　解答番号は 10

X：イスラーム教の聖典。アラビア語で記されている。

Y：これは、天使ガブリエルを通してムハンマドにくだされた、アッラーのことばを集成したものである。

① X：正　Y：正　② X：正　Y：誤
③ X：誤　Y：正　④ X：誤　Y：誤

問3 イスラーム暦　解答番号は 11

X：これは、イスラーム教徒が用いる純粋な太陽暦である。

Y：これは、ヒジュラがおこなわれた西暦622年7月16日を紀元元年1月1日とする。

① X：正　Y：正　② X：正　Y：誤
③ X：誤　Y：正　④ X：誤　Y：誤

問4 啓典の民　解答番号は 12

X：これは、『旧約聖書』を持つユダヤ教徒や、『新約聖書』を持つキリスト教徒を指した。

Y：イスラーム教徒は、彼等啓典の民を敵視し、その信仰を一切認めなかった。

① X：正　Y：正　② X：正　Y：誤
③ X：誤　Y：正　④ X：誤　Y：誤

問5 六信五行　解答番号は 13

X：六信とは、(1) アッラー、(2) 天使、(3) 偶像、(4) 預言者たち、(5) 来世、(6) 神の予定を信じることである。

Y：五行とは、(1) 信仰告白、(2) 礼拝、(3) 喜捨、(4) 断食、(5) メディナ巡礼を実践することである。

① X：正　Y：正　② X：正　Y：誤
③ X：誤　Y：正　④ X：誤　Y：誤

問6 正統カリフ 解答番号は 14

X：カリフとは、ハリーファ（「後継者」の意味）のヨーロッパなまりである。

Y：正統カリフとは、アブー=バクル、ウマル、アリー、ムアーウィヤの4人を指す。

① X：正 Y：正　② X：正 Y：誤

③ X：誤 Y：正　④ X：誤 Y：誤

問7 ジハード（聖戦） 解答番号は 15

X：これは、ウンマ（イスラーム教徒の共同体）の防衛・拡大のためにイスラーム教徒に課された義務とされている。

Y：原義は、神のために自己を犠牲にして戦うこと。現在では一般に「異教徒との戦争」の意味で使われる。

① X：正 Y：正　② X：正 Y：誤

③ X：誤 Y：正　④ X：誤 Y：誤

問8 イスラーム法 解答番号は 16

X：イスラーム教徒は、これを「ハディース」と呼ぶ。

Y：これは、『コーラン』や預言者の言行を伝える伝承を基礎にして、9世紀頃までにととのえられた。

① X：正 Y：正　② X：正 Y：誤

③ X：誤 Y：正　④ X：誤 Y：誤

問9 ジズヤ 解答番号は 17

X：これは、ペルシア語で「地租」を意味する税の一つである。

Y：これは、イスラーム教徒が征服した土地の異教徒に課税された。

① X：正 Y：正　② X：正 Y：誤

③ X：誤 Y：正　④ X：誤 Y：誤

第 3 問 (24点)

次の文章を読み、以下の設問に答えなさい。

約280年間続いた唐を滅ぼした朱全忠は、(　ア　)を建国し、都をⓐ開封に置いた。この都市は黄河とⓑ大運河の接点にあたり、水路をつうじて中国の東西南北を結びつける商業網の中心にあった。宋では都市経済が発達し、都市の城壁の外にできた(　イ　)や、交通の要地に生じた(　ウ　)などと呼ばれる商業の中心地が出現した。宋では(　エ　)や(　オ　)が専売品とされ、国家に大きな利益をもたらした。

商業の発展によって裕福になった人々は土地を買い集めて地主となり、(　カ　)と呼ばれる小作人を雇って耕作させた。

華北を女真族の建てた金によって奪われた南宋では、南方の開発が進み、「(　キ　)熟すれば天下足る」と呼ばれる活況を呈した。

問1　空欄(　ア　)に当てはまる王朝名を以下の①～⑤の中から一つ選びなさい。

解答番号は **18**

①　後漢　　②　後周　　③　後晋　　④　後唐　　⑤　後梁

問2　下線部ⓐの都市の位置を、以下の地図の①～④の中から一つ選びなさい。

解答番号は **19**

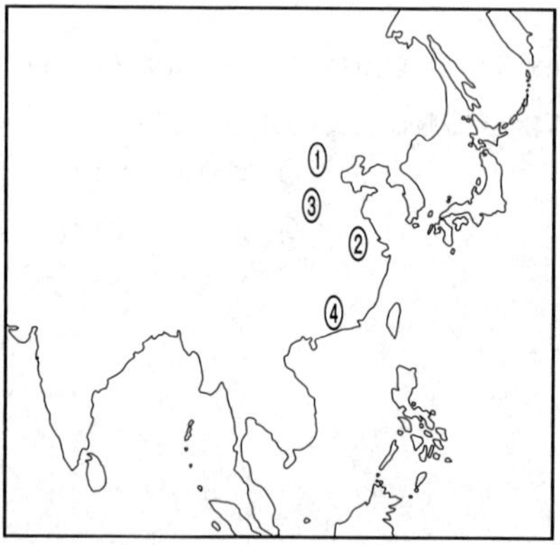

問3　下線部ⓑを開削した皇帝としてふさわしいものを、以下の①～④の中から一つ選びなさい。　解答番号は 20

①　玄宗　②　始皇帝　③　武帝　④　煬帝

問4　空欄（　イ　）（　ウ　）に当てはまる組み合わせを、以下の①～④の中から一つ選びなさい。　解答番号は 21

①　イ　会館　ウ　公所　②　イ　市　ウ　荘園

③　イ　市舶司　ウ　海関　④　イ　草市　ウ　鎮

問5　空欄（　エ　）（　オ　）にあてはまる宋代に専売品とされた商品の組み合わせとして正しいものを、以下の①～⑥の中から**二つ**選びなさい。　解答番号は 22 23

①　アヘン　②　馬　③　塩　④　たばこ　⑤　茶　⑥　柑橘

問6　空欄（　カ　）を用いた土地耕作制度を何と呼ぶか、以下の①～④の中から一つ選びなさい。　解答番号は 24

①　均田制　②　人民公社制　③　屯田制　④　佃戸制

問7　宋代の経済情勢を示す言葉として、空欄（　キ　）に最もふさわしい語を、以下の①～④の中から一つ選びなさい。　解答番号は 25

①　河北　②　関中　③　湖広　④　蘇湖

第 4 問 (24点)

19世紀~20世紀のドイツとその周辺について、下記の質問に答えなさい。

問1　空欄(　ア　)(　イ　)に当てはまる用語として正しいものを次の①~④のうちから一つ選びなさい。　解答番号は **26**

1848年の三月革命において、フランクフルト国民議会でドイツ統一が目指された。その際、大ドイツ主義と小ドイツ主義が対立した。大ドイツ主義はオーストリアのドイツ人地域と(　ア　)を含む統一方式のことで、小ドイツ主義は、(　イ　)を中心にオーストリアを排除するというものであった。

① (　ア　)ベーメン　(　イ　)プロイセン
② (　ア　)ベーメン　(　イ　)ダンツィヒ
③ (　ア　)ラインラント　(　イ　)プロイセン
④ (　ア　)ラインラント　(　イ　)ダンツィヒ

問2　空欄(　ウ　)(　エ　)に当てはまる用語として正しいものを次の①~④のうちから一つ選びなさい。　解答番号は **27**

フランスの(　ウ　)はスペイン王位継承問題でプロイセンの影響力を阻止したが、ビスマルクの挑発に乗り1870年にプロイセン=フランス戦争を始めた。フランスは戦争に敗れて(　ウ　)は捕虜となった。パリでは蜂起が起こり第二帝政は崩壊した。ビスマルクはフランスの弱体化を狙って厳しい条件によって講和を結んだ。この時にフランスは(　エ　)をドイツに譲った。

① (　ウ　)ルイ16世　(　エ　)アルザス・ロレーヌ
② (　ウ　)ルイ16世　(　エ　)シュレジエン
③ (　ウ　)ナポレオン3世　(　エ　)アルザス・ロレーヌ
④ (　ウ　)ナポレオン3世　(　エ　)シュレジエン

問3　1866年、プロイセンはオーストリアと戦って勝利した。翌年には北ドイツ連邦が結成されるが、ドイツから除外されたオーストリアはマジャール人に(　オ　)王国を認めて同君連合に再編した。(　オ　)に当てはまる用語として正しいものを次の①~⑤のうちから一つ選びなさい。　解答番号は **28**

①　クロアチア　②　ルーマニア　③　ハンガリー　④　チェコ　⑤　アルバニア

問4　1871年1月に成立したドイツ帝国について述べた次の文章のうち、**誤っている**ものを①～④のうちから一つ選びなさい。　解答番号は **29**

① ヴィルヘルム1世がフランスのヴェルサイユ宮殿で皇帝として即位した。

② 帝国はドイツの諸邦で構成される連邦国家であり、プロイセン王がドイツ皇帝を兼ねた。

③ 議会は存在せず、皇帝が独裁的な権力をふるった。

④ 約20年間にわたりビスマルクが宰相を務めた。

問5　ラサールが指導して始まったドイツの社会主義運動は、ベーベルらによるマルクス主義運動と1875年に合同した。この時に成立し後に社会民主党となる組織として正しいものを次の①～⑤のうちから一つ選びなさい。　解答番号は **30**

① 社会主義労働者党　② 立憲民主党

③ 国家社会主義ドイツ労働者党　④ ユトレヒト同盟

⑤ ドイツ共産党

問6　ビスマルクはフランスを孤立させてドイツの安全をはかるという外交政策を採用し、1873年には三帝同盟を結んだ。この同盟を結んだ国の組み合わせとして正しいものを次の①～⑤のうちから一つ選びなさい。　解答番号は **31**

① ドイツ・オーストリア・ロシア　② ドイツ・オーストリア・イタリア

③ ドイツ・オーストリア・イギリス　④ ドイツ・イタリア・ロシア

⑤ ドイツ・イタリア・イギリス

問7　1877年にロシア=トルコ戦争が勃発し、勝利したロシアは翌年の78年にサン=ステファノ講和条約を結んでブルガリアを保護下においた。オーストリアとイギリスはこれに反対したことから、ビスマルクはベルリン会議を開いて調停した。新たに結ばれたベルリン条約で独立が承認された地域として正しいものを次の①～⑤のうちから一つ選びなさい。

解答番号は **32**

① ボスニア・ヘルツェゴヴィナ　② モンテネグロ

③ ギリシア　④ キプロス

⑤ ポーランド

問8　19世紀から20世紀初頭の北欧諸国について述べた文章のうち、**誤っているもの**を次の①～④のうちから一つ選びなさい。　解答番号は **33**

① スウェーデンは北方戦争に勝利してバルト海の制海権をドイツから奪った。

② ノルウェーはウィーン会議の結果、スウェーデン領となった。

③ ノルウェーは1905年の国民投票で平和的にスウェーデンから独立した。

④ デンマークは1864年にシュレスヴィヒ・ホルシュタインを失った。

政治・経済

（50分）

第 1 問 （28点）

次の文章を読んで、以下の問いに答えなさい。

第一次世界大戦が起きて、国際的な平和を維持することは大国間の利害調整だけではうまくいかないことが明らかになったため、国際的な平和を維持するための国際機関の設立が望まれた。まず、(ア)国際連盟が生まれ、現在は(イ)国際連合がその役割を果たしている。

国際連合には様々な(ウ)組織や(エ)専門機関が置かれている。国際連合は(オ)安全保障機能だけでなく経済社会機能を果たすことも期待されている。国際紛争については(カ)国際裁判のしくみも構築されている。

国際連合によって国際的な緊張がなくなったかと言えば歴史的にはそうとは言えない。第二次世界大戦後は長らく(キ)東西対立の時代が続いた。20世紀後半になって(ク)冷戦終結を迎えることができたが、(ケ)冷戦後にも国際的な緊張は各方面で続き、国際連合を中心とした国際的な対応が迫られている。

問1　下線部（ア）に関して、国際連盟に関する記述として、**適当でないもの**を、次の①～④の中から一つ選びなさい。　解答番号は **1**

① 国際連盟のような国際平和機構を通じて平和な世界を実現することを集団安全保障方式という。

② 国際連盟はアメリカ大統領フランクリン・ローズベルトが提唱する十四か条の平和原則に従って1920年に創設された。

③ 国際連盟にはアメリカは加盟しなかった。

④ 国際連盟に加盟していた日本、ドイツ、イタリアは途中で脱退した。

問2　下線部（イ）に関して、国際連合に関する記述として、最も適当なものを、次の①～④の中から一つ選びなさい。　解答番号は **2**

① 第二次世界大戦終結前に、戦後の国際平和維持のあり方についてアメリカとソ連が話し合って、1941年に大西洋憲章が表明された。

② 1945年6月に連合国がウィーン会議で国際連合憲章に署名した。

③ 1945年10月に成立した時点での国際連合の加盟国数は51か国だった。

④ 日本が国際連合に加盟したのは1961年のことだった。

問3 下線部（ウ）に関して、国際連合の組織に関する記述として、最も適当なものを、次の①～④の中から一つ選びなさい。 解答番号は 3

① 国際連合の総会は全加盟国で構成され、議決は全会一致制がとられる。

② 国際連合の安全保障理事会は常任理事国5か国と、任期2年の非常任理事国5か国で構成される。

③ 国際連合の事務局は国際連合の日常業務をおこなうとともに、5年任期の事務総長が安全保障理事会の最終的な議決権をもつ。

④ 国際連合の経済社会理事会は政治問題や軍事以外の、経済や社会の問題に対処する役割を持つ。

問4 下線部（エ）に関して、国際連合の専門機関の名称と略称の組合せとして、最も適当なものを、次の①～④の中から一つ選びなさい。 解答番号は 4

① 国際労働機関 — ILO

② 国連教育科学文化機関 — UNICEF

③ 世界保健機関 — FAO

④ 国連児童基金 — UNHCR

問5 下線部（オ）に関して、国際連合の安全保障機能に関する記述として、**適当でないもの**を、次の①～④の中から一つ選びなさい。 解答番号は 5

① 国際連合の平和維持活動（PKO）は関係国の同意に基づく、中立性を保つ、自衛以外の武力を行使しないという3原則に基づいて活動している。

② 国際連合の平和維持軍（PKF）は紛争当事者のどちらか一方に偏ることのない立場で紛争の拡大を防ぐ活動をしている。

③ 多国籍軍は原則として国際連合の安全保障理事会の決議に基づいて紛争地域へ派遣されている。

④ 国連憲章第42条に規定されている国連軍は1991年の湾岸戦争時に初めて結成された。

問6 下線部（カ）に関して、国際裁判に関わる国際機関に関する記述として、**適当でないもの**を、次の①～④の中から一つ選びなさい。 解答番号は 6

① 国際司法裁判所は1945年に国際連合の主要機関の一つとして設立され、当事者になれるのは国家だけである。

② 国際海洋裁判所は1996年に設置され、世界の海岸で発生した紛争などを解決するために活動している。

③ 常設仲裁裁判所は2001年に設立され、事務局はスイスのジュネーブに置かれている。

④ 国際刑事裁判所は2003年に発足し、集団殺害犯罪や戦争犯罪、人道に対する犯罪を裁く機関である。

問7　下線部（キ）に関して、東西対立に関する記述として、**適当でないもの**を、次の①～④の中から一つ選びなさい。　解答番号は 7

① アメリカがヨーロッパを東西に分断させようとしている動きは「鉄のカーテン」という言葉で批判された。

② アメリカは共産主義勢力を封じる目的でトルーマン・ドクトリンを発表し、西側諸国の経済を支援する目的でマーシャル・プランを実施した。

③ ソ連は西側諸国に対抗するためにコミンフォルム（共産党情報局）を結成し、コメコン（経済相互援助会議）を設立した。

④ 軍事力強化のために西側諸国は北大西洋条約機構を結成し、東側諸国はワルシャワ条約機構を結成した。

問8　下線部（ク）に関して、冷戦の終結前後の国際情勢に関する記述として、**適当でないもの**を、次の①～④の中から一つ選びなさい。　解答番号は 8

① 1985年ソ連の共産党書記長に就任したゴルバチョフはペレストロイカやグラスノスチと呼ばれる政策を進めた。

② 1989年アメリカのレーガン大統領とソ連のゴルバチョフ書記長はマルタ会談で冷戦の終結を宣言した。

③ 1990年東西ドイツの統一が実現した。

④ 1991年にソ連が解体し、独立国家共同体（CIS）が発足した。

問9　下線部（ケ）に関して、冷戦終結後の国際情勢に関する記述として、**適当でないもの**を、次の①～④の中から一つ選びなさい。　解答番号は 9

① 2001年アメリカで起きた同時多発テロ事件

② 2003年イラクが大量破壊兵器を保有しているとしてアメリカがイラクを攻撃したイラン・イラク戦争

③ 2011年中東・北アフリカで民主化運動が起こり、独裁政権が崩壊したアラブの春

④ 2014年ロシアによるクリミア半島併合

第 2 問 (24点)

次の文章を読んで、以下の問いに答えなさい。

行政権は、(ア)内閣によって担われている。(イ)予算審議については、国会が重要な役割を果たしており、(ウ)立法過程は、さまざまなプロセスによって構成されている。また(エ)裁判は、裁判所によって担当されている。

(オ)地方自治に関しては、(カ)地方分権一括法など、さまざまな法律が整備されている。また、(キ)戦後日本の地方自治制度と地域社会の関わりについても、関心を払う必要がある。

以上のように、(ク)国および地方公共団体の政治や政策には、多くのアクターが関与しており、さまざまな角度から理解する必要がある。

問1　下線部（ア）について、ある生徒は、日本の内閣の運営のあり方に興味をもち、その特徴を文章にまとめてみた。次の文章中の空欄［ A ］～［ C ］に当てはまる語句の組合せとして最も適当なものを、①～⑧のうちから一つ選べ。

内閣の運営に関する特徴の一つは合議制の原則である。これは、内閣の意思決定は、内閣総理大臣（首相）と国務大臣の合議、すなわち閣議によらなければならないとするものである。閣議における決定は、［ A ］によることが慣行となっている。

また、首相指導の原則がある。これは、国務大臣の任免権をもつ首相が、［ B ］として政治的リーダーシップを発揮するというものである。

このほか、分担管理の原則がある。これは、各省の所掌（しょしょう）事務はその主任の国務大臣が分担して管理するというものである。なお、日本国憲法の規定によると、法律と政令には、すべて主任の国務大臣が署名し、［ C ］が連署することになっている。　解答番号は 10

① A 多数決　B 同輩中の首席　C 内閣総理大臣
② A 多数決　B 同輩中の首席　C 内閣官房長官
③ A 多数決　B 内閣の首長　C 内閣総理大臣
④ A 多数決　B 内閣の首長　C 内閣官房長官
⑤ A 全会一致　B 同輩中の首席　C 内閣総理大臣
⑥ A 全会一致　B 同輩中の首席　C 内閣官房長官
⑦ A 全会一致　B 内閣の首長　C 内閣総理大臣
⑧ A 全会一致　B 内閣の首長　C 内閣官房長官

問2　下線部（イ）に関連して、日本の国会の活動に関心をもったある生徒は、2020年における予算審議を中心に国会の活動を調べ、その一部を次の表にまとめた。表中の空欄［ D ］・［ E ］に当てはまる語句の組合せとして最も適当なものを、後の①～⑥のうちから一つ選べ。

1月20日	・常会（通常国会）の召集、開会式 ・［ D ］から予算の提出
1月～3月	・予算審議
3月27日	・予算の成立
4月27日	・［ D ］から［ E ］の提出
4月30日	・［ E ］の成立
6月8日	・［ D ］から第2次［ E ］の提出
6月12日	・第2次［ E ］成立
6月17日	・常会の会期終了

解答番号は **11**

① D 各省庁　E 暫定予算
② D 各省庁　E 補正予算
③ D 財務省　E 暫定予算
④ D 財務省　E 補正予算
⑤ D 内閣　E 暫定予算
⑥ D 内閣　E 補正予算

問3　下線部（ウ）について、ある生徒は、「政治・経済」の教科書を読み、日本の立法過程について整理した。日本の立法過程に関する記述として**適当でないもの**を、次の①～④のうちから一つ選べ。

解答番号は **12**

① 国会議員が予算を伴わない法律案を発議するには、衆議院では議員20人以上、参議院では議員10人以上の賛成を要する。
② 法律案が提出されると、原則として、関係する委員会に付託され委員会の審議を経てから本会議で審議されることになる。
③ 参議院が衆議院の可決した法律案を受け取った後、60日以内に議決をしないときは、衆議院の議決が国会の議決となる。
④ 憲法によって国会は、「国権の最高機関」と定められている。

問4　下線部（エ）について、裁判に関心をもつある生徒は、元裁判官の教授による「市民と裁判」という講義に参加した。講義後、その生徒は、図書館で関連する書籍などを参照して、日本の裁判員制度とその課題についてまとめた。次の文章中の空欄［ F ］～［ H ］に当てはまる語句の組合せとして最も適当なものを、下の①～⑧のうちから一つ選べ。

裁判員制度は、一般市民が［ F ］の第一審に参加する制度である。制度の趣旨として、裁判に国民の声を反映させることや、裁判に対する国民の理解と信頼を深めることなどがあげられる。裁判員は、有権者の中から［ G ］に選任され、裁判官とともに評議し、量刑も含めた判断を行う。

裁判員制度が始まって10年以上経過した現在、裁判への参加をよい経験だったとする裁判員経験者の声や、市民の感覚が司法に反映されたとの意見など、肯定的な評価がある。だが、裁判員に［ H ］課せられる守秘義務や辞退率の高さなど、いくつかの課題も指摘されている。

解答番号は **13**

	F	G	H
①	重大な刑事事件	事件ごと	任務中のみ
②	重大な刑事事件	事件ごと	任務終了後も
③	重大な刑事事件	年度ごと	任務中のみ
④	重大な刑事事件	年度ごと	任務終了後も
⑤	刑事事件および民事事件	事件ごと	任務中のみ
⑥	刑事事件および民事事件	事件ごと	任務終了後も
⑦	刑事事件および民事事件	年度ごと	任務中のみ
⑧	刑事事件および民事事件	年度ごと	任務終了後も

問5　下線部（オ）に関連して、ある生徒は、日本国憲法が保障している地方自治について調べ、次の文章のようにまとめた。文章中の空欄［ I ］～［ K ］に当てはまる語句の組合せとして最も適当なものを、後の①～⑧のうちから一つ選べ。

日本国憲法第92条は、「地方公共団体の組織及び運営に関する事項は、地方自治の本旨に基いて、法律でこれを定める」としている。ここでいう地方自治の本旨は、団体自治と住民自治の原理で構成される。団体自治は、国から自立した団体が設立され、そこに十分な自治権が保障されなければならないとする［ I ］的要請を意味するものである。住民自治は、地域社会の政治が住民の意思に基づいて行われなければならないとする［ J ］的要請を意味するものである。国から地方公共団体への権限や財源の移譲、そして国の地方公共団体に対する関与を法律で限定することなどは、直接的には［ K ］の強化を意味するものということができる。

解答番号は **14**

① I 集権　J 自由主義　K 住民自治
② I 集権　J 自由主義　K 団体自治
③ I 集権　J 民主主義　K 住民自治
④ I 集権　J 民主主義　K 団体自治
⑤ I 分権　J 自由主義　K 住民自治
⑥ I 分権　J 自由主義　K 団体自治
⑦ I 分権　J 民主主義　K 住民自治
⑧ I 分権　J 民主主義　K 団体自治

問6　生徒Xと生徒Yは、下線部（カ）に関する資料を見ながら会話をしている。次の会話文中の空欄［ L ］～［ N ］に当てはまる語句の組合せとして最も適当なものを、後の①～⑧のうちから一つ選べ。

X：この時の地方分権改革で、国と地方自治体の関係を［ L ］の関係としたんだね。

Y：［ L ］の関係にするため、機関委任事務制度の廃止が行われたんだよね。たとえば、都市計画の決定は、［ M ］とされたんだよね。

X：［ L ］の関係だとして、地方自治体に対する国の関与をめぐって、国と地方自治体の考え方が対立することはないのかな。

Y：実際あるんだよ。新聞で読んだけど、地方自治法上の国の関与について不服があるとき、地方自治体は［ N ］に審査の申出ができるよ。申出があったら［ N ］が審査し、国の機関に勧告することもあるんだって。ふるさと納税制度をめぐる対立でも利用されたよ。

解答番号は 15

① L 対等・協力　M 法定受託事務　N 国地方係争処理委員会
② L 対等・協力　M 法定受託事務　N 地方裁判所
③ L 対等・協力　M 自治事務　N 国地方係争処理委員会
④ L 対等・協力　M 自治事務　N 地方裁判所
⑤ L 上下・主従　M 法定受託事務　N 国地方係争処理委員会
⑥ L 上下・主従　M 法定受託事務　N 地方裁判所
⑦ L 上下・主従　M 自治事務　N 国地方係争処理委員会
⑧ L 上下・主従　M 自治事務　N 地方裁判所]

問7　生徒Xと生徒Yは下線部（キ）について調べた。次のA～Dは、第二次世界大戦後の日本の地方自治をめぐって起きた出来事に関する記述である。これらの出来事を古い順に並べたとき、3番目にくるものとして最も適当なものを 後の①～④のうちから一つ選べ。

A. 地方分権改革が進む中で行財政の効率化などを図るために市町村合併が推進され、市町村の数が減少し、初めて1,700台になった。

B. 公害が深刻化し住民運動が活発になったことなどを背景として、東京都をはじめとして都市部を中心に日本社会党や日本共産党などの支援を受けた候補者が首長に当選し、革新自治体が誕生した。

C. 地方自治の本旨に基づき地方自治体の組織や運営に関する事項を定めるために地方自治法が制定され、住民が知事を選挙で直接選出できることが定められた。

D. 大都市地域特別区設置法に基づいて、政令指定都市である大阪市を廃止して新たに特別区を設置することの賛否を問う住民投票が複数回実施された。　解答番号は 16

① A　② B　③ C　④ D

問8　下線部（ク）について、ある生徒は、新聞記事を読むなどして最新のニュースに接することが現代の諸課題への深い理解につながるという話に刺激を受け、日本の国および地方公共団体の政治や政策のここ数年の動向に関する情報を収集した。それらについてまとめた記述として**適当でないもの**を、次の①～④のうちから一つ選べ。　解答番号は 17

① 候補者男女均等法（政治分野における男女共同参画の推進に関する法律）の制定(2018年)により、政党などに国政選挙や地方選挙で男女の候補者の数ができる限り均等になるよう罰則規定を設けて促すことになった。

② 中央省庁で障害者雇用数が不適切に計上されていた問題をうけて障害者を対象とする統一的な国家公務員の採用試験が実施された。

③ 公職選挙法の改正(2018年）により、参議院議員の選挙制度について定数を増やすとともに比例区に特定枠制度を導入した。

④ ふるさと納税制度（地方公共団体に寄付した場合の税額控除制度）の運用について、国は地方公共団体が寄付者に対し提供している返礼品のあり方の見直しを求めた。

第 3 問 (24点)

次の文章を読んで、以下の問いに答えなさい。

第二次世界大戦によって日本経済は大きな打撃を受けた。政府は生産力を回復させ財政を安定させるために、(ア)さまざまな経済復興政策を行った。限られた資源を有効活用し、経済活動を活発化するために民主化を進めた。しかし、物資の不足や通貨の増発により経済は混乱した。そこで財政を均衡させるためにGHQは経済安定9原則を指令して(イ)【　A　】財政を実施した。その結果【　B　】はおさまったが、一転して深刻な不況状態に陥った。

1950年代半ばから(ウ)第1次石油危機が起こる1973年までの約20年近くの間に、日本経済は年平均10%をこえる経済成長を続け、いわゆる(エ)高度経済成長期を迎えることとなった。生産設備の拡大とともに消費需要の拡大が同時におこり、「投資が投資を呼ぶ」状況となり日本は世界有数の経済大国となった。

日本の企業は、海外から先端技術を積極的に取り入れ、自らも新たな生産方法や製品を開発するなどして、(オ)技術革新（イノベーション）を積極的に行った。また、石油危機を経験する中で、安定成長の段階に入り、産業構造は(カ)第1次産業から第2次産業、そして第3次産業へとその重心を移した。特にサービス産業の成長による経済のサービス化やソフト化の傾向は明らかで、(キ)産業構造は大きく変化したといえる。成長軌道に乗ったかに思えた日本経済であったが、1980年代後半からバブル経済の発生、その反動（バブル崩壊）による平成不況の到来により、(ク)多くの社会的課題を抱えることになった。

問1　下線部（ア）に関して、第二次世界大戦戦後直後の経済復興政策についての説明として**適当でないもの**を、次の①～④の中から一つ選びなさい。　解答番号は 18

① 経済の民主化を進めるために、財閥解体・労働三法制定などの改革が行われた。

② 限られた資源を繊維や機械など基幹産業に重点的に配分する傾斜生産方式を採用した。

③ 予算の収支均衡、通貨増発の禁止、単一為替レートを確立するドッジ・ラインを1949年に策定した。

④ 税制改革を行い、シャウプ勧告に基づいて、直接税を中心とする税制を採用した。

問2　下線部（イ）の【　A　】と【　B　】に入る最も適当な語句の組合せを、次の①～④の中から一つ選びなさい。　解答番号は 19

	【A】	【B】
①	緊縮	デフレーション
②	積極	インフレーション
③	緊縮	インフレーション
④	積極	デフレーション

問3　下線部（ウ）に関して、石油危機についての説明として最も適当なものを、次の①～④の中から一つ選びなさい。　解答番号は 20

① 自国資源に対する主権を求める資源ナショナリズムが高揚し、OECD が原油価格を４倍に引き上げたことが発端となった。

② 日本経済は不況に陥ったが、実質経済成長率がマイナスを記録することは無かった。

③ 原料高騰による狂乱物価やインフレーションと、倒産・失業の増加による経済停滞を同時に引き起こす「スタグフレーション」がもたらされた。

④ イラク革命により再び世界経済に混乱が生じて、1979 年に第２次石油危機が起こった。

問4　下線部（エ）に関して、日本の高度経済成長期の説明として**適当でないもの**を、次の①～④の中から一つ選びなさい。　解答番号は 21

① 1955 年には国民ひとりあたりの GNP が戦前を超え、「もはや戦前ではない」と経済白書でもいわれた。

② GNP は大きく増大して、資本主義国中アメリカに次ぐ世界第２位となった。

③ 1960 年に池田内閣は、「国民所得倍増計画」を決定して、10 年間で国民所得を２倍にすると宣言した。

④ 国民の高い貯蓄率が高い消費水準をもたらし、企業の設備投資増加につながった。

問5　下線部（オ）に関して、技術革新（イノベーション）の概念を確立した経済学者として最も適当なものを、次の①～④の中から一つ選びなさい。　解答番号は 22

① シュンペーター　② マルクス　③ アダム＝スミス　④ フリードマン

問6　下線部（カ）に関して、2020年の国勢調査時の各産業分野の産業別就業人口構成比として最も適当なものを、次の①～④の中から一つ選びなさい。　解答番号は 23

	第1次産業	第2次産業	第3次産業
①	24.7%	31.5%	43.7%
②	10.9%	33.6%	55.4%
③	3.3%	23.4%	73.4%
④	1.1%	17.6%	81.3%

問7　下線部（キ）に関して、日本の産業構造の変化についての説明として**適当でないもの**を、次の①～④の中から一つ選びなさい。　解答番号は 24

① 経済活動の中で、新技術の開発や企画力・マーケティングなど知識・情報等の重要度が大きくなっていくこと経済のソフト化という。

② 製造業、鉱業、建設業、福祉など、サービス産業に中心が移ることを経済のサービス化という。

③ 高度経済成長期には、重厚長大型の重化学工業やサービス産業の比重が増大した。その現象は「ペティ・クラークの法則」と表現される。

④ 石油危機をきっかけに、省資源・省エネルギーである、エレクトロニクスやＩＣ（集積回路）などの知識集約型産業が注目され、成長した。

問8　下線部（ク）に関して、バブル崩壊後に生じた日本経済の課題についての説明として最も適当なものを、次の①～④の中から一つ選びなさい。　解答番号は 25

① 公定歩合の引き下げや不動産融資規制をきっかけに株価と地価が暴落した。

② 消費税の引き上げ（3→5%）やアジア通貨危機による輸出低迷で不況が深刻化した。

③ 企業への「貸し渋り」や「貸しはがし」により中小企業の倒産があいつぎ、失業率が下落した。

④ 非正規雇用の拡大と賃金引き上げが進み、ワーキングプアにより貧困問題が発生した。

第 4 問 (24点)

次の文章を読んで、以下の問いに答えなさい。

戦後における我が国の農業の変遷についてみると、第二次世界大戦後に我が国は深刻な食糧不足に陥った。政府は食料生産を奨励するとともに、(ア)農地改革を実施した。

1952年には【 A 】が制定された。これは、農地改革による農地制度維持を目的としたものであった。1950年代後半には、工業生産の著しい増加により、工業所得の伸びが農業所得の伸びを上回ったことから、農村から都市へ労働力が移動することになり、(イ)農家の世帯数が減ることになる。

1961年には、【 B 】が制定され、米のみに頼らない、畜産・果実など需要増が見込まれる農産物生産の選択的拡大を促していくとともに、経営の大規模・機械化が進められ自立経営農家の育成を目指した。しかし、産業構造の変化により、農業人口の流出、兼業化は止まらなかった。また、食生活の変化により米の需要が落ち込み、(ウ)余剰米が発生することになった。

1970年代以後、米の生産調整と野菜、果樹栽培を奨励する(エ)減反政策が行われた。しかし、日本の農業は、小規模であり生産性も低いことから多様化した農産物の需給ギャップを埋めることができず(オ)世界一の食糧輸入国となっていった。

1990年代に入り、(カ)米の部分的輸入自由化を決定し、国内消費量の一定割合をミニマム・アクセス(最低輸入量)として輸入することに合意した。

2000年以降も農業においては、農家戸数の減少や担い手の高齢化、耕作放棄地の増加、食の安全性の確保などの課題を抱えている。また農業・農村の再生には、産業としての(キ)農業の活性化が必要である。

問1 【 A 】【 B 】に入る語句の組合せとして最も適当なものを、次の①~④の中から一つ選びなさい。 解答番号は **26**

① A 農業基本法 B 農地法
② A 農地法 B 農業基本法
③ A 食糧管理法 B 農地法
④ A 食糧管理法 B 農業基本法

問2　下線部（ア）の説明として、**適当でないもの**を、次の①～④の中から一つ選びなさい。

解答番号は 27

① 連合国軍総司令部（GHQ）の指令により行われた経済民主化政策の一つである。

② 不在地主の貸し付け地全部、在村地主の貸し付け地の1町歩（北海道は4町歩）を超える分を政府が買い上げ、小作農に売り渡した。

③ 封建的な地主・小作関係に基づく寄生地主制度が解体されることになった。

④ 結果として小作農の比率は約6割になった。

問3　下線部（イ）に関連して、農家の説明として、**適当でないもの**を、次の①～④の中から一つ選びなさい。

解答番号は 28

① 自立経営農家とは、他の産業に従事している人と同程度の農業所得を得ている家族的農業を営む農家のことである。

② 主業農家とは、65歳未満で年間60日間以上農業に従事する者がいる農家の中で、農業所得が農業外所得より多い農家のことを指す。

③ 副業的農家とは、65歳未満で年間60日間以上農業に従事する者がいる農家の中で、農業所得が農業外所得より少ない農家のことを指す。

④ 1960年以降農家の世帯数は減少するとともに、販売農家のなかでも主業農家と準主業農家が減少して、副業的農家が増加した。

問4　下線部（ウ）に関連して、政府の食糧管理についての説明として、最も適当なものを、次の①～④の中から一つ選びなさい。

解答番号は 29

① 食糧管理制度とは、第二次世界大戦中と戦後の食糧不足に対処するねらいでできたものであるが、その後は農家の所得補償を目的として行われてきた。

② 食糧管理制度とは、日本人の主食である米のみ生産、販売、流通などを国が統制して管理する制度である。

③ 政府が生産者から安い価格で米を買い上げ、消費者により高い価格で販売したため、食糧管理特別会計において多額の黒字が発生した。

④ 1994年に制定された食糧法では、米の価格と流通に関して規制が強化されることになった。

問5　下線部（エ）に関連して、減反政策についての説明として、**適当でないもの**を、次の①～④の中から一つ選びなさい。

解答番号は 30

① 休耕田の増加と転作により米の作付け面積を減らし、米の需給調整を図った。

② 農家一戸当たりの作付け面積を制限し、減反に協力する農家には補助金を交付した。

③ 米の価格や流通に関する規制を緩和した。

④ 2018年に廃止された。

問6　下線部（オ）に関連して、食料自給率についての説明として、**適当でないもの**を、次の①〜④の中から一つ選びなさい。　解答番号は **31**

① 食料自給率とは一国の食料消費量に占める国内で生産、自給されている食料の割合である。

② 米に偏りすぎた日本の農業は、国民の嗜好の変化に対応できず農産物の多くを海外からの輸入でまかなうようになり、食料自給率は低下していった。

③ 現在、日本の食料自給率はカロリーベースで40％以下まで落ち込んでいる。

④ 現在、日本の穀物自給率は米、小麦ともほぼ自給できている。

問7　下線部（カ）に関連して、農産物の市場開放についての記述として、**適当でないもの**を、次の①〜④の中から一つ選びなさい。　解答番号は **32**

① 1991年の牛肉・オレンジの自由化に続き、1993年のGATTのウルグアイ・ラウンドで米が部分開放された。

② 1995年に発足したWTO（世界貿易機関）の農業協定に基づいて、米が全面開放された。

③ 日本の米の関税化は1999年から実施されたが、高い関税によって輸入量が抑えられている。

④ 1970年代後半から1980年代前半、最大の貿易相手国であったアメリカによって農産物の自由化要求が高まり、日米の貿易摩擦が生じていた。

問8　下線部（キ）に関連して、「6次産業化」についての記述として、**適当でないもの**を、次の①〜④の中から一つ選びなさい。　解答番号は **33**

① 「地域資源を活用した農林漁業者等による新事業の創出等及び地域の農林水産物の利用促進に関する法律」によって進められている。

② 農林水産業者が農林水産物の生産のみならず、加工食品製造や販売、観光農園のようなサービス業まで行うことを指す。

③ 事例として、林業を行っている会社が、きのこ栽培を行い、収穫したものを直売所で販売する手法があげられる。

④ 事例として、酪農家が自ら生産した牛乳を原料として乳製品を製造し、農家直営のレストランで販売する手法があげられる。

数　学

解答上の注意

1　問題の文中の [1], [2] などには，特に指示がないかぎり，数字（0～9），符号（－），が入ります。1，2，3，…の一つ一つは，これらのいずれか一つに対応します。それらを解答用紙の1，2，3，…で示された解答欄にマークして答えなさい。

例1 [1][2] に -8 と答えたいとき

1	●	⓪	①	②	③	④	⑤	⑥	⑦	⑧	⑨
2	⊖	⓪	①	②	③	④	⑤	⑥	⑦	●	⑨

2　分数形で解答する場合は，既約分数で答えなさい。符号は分子につけ，分母につけてはいけません。

例2 $\dfrac{[3][4]}{[5]}$ に $-\dfrac{4}{5}$ と答えたいときは，$\dfrac{-4}{5}$ として

3	●	⓪	①	②	③	④	⑤	⑥	⑦	⑧	⑨
4	⊖	⓪	①	②	③	●	⑤	⑥	⑦	⑧	⑨
5	⊖	⓪	①	②	③	④	●	⑥	⑦	⑧	⑨

◀文・教育〈数理教育コース以外〉・現代日本社会学部▶

（50分）

※第3問と第4問は選択問題。いずれかを選択。

第　1　問（必須問題）（30点）

2次方程式 $x^2-2x-1=0$ …（※）について考える。（※）の解 x に対して，次の値を求めよ。

(1) $x-\dfrac{1}{x}=$ [1]

(2) $x^2+\dfrac{1}{x^2}=$ [2]

(3) $x^3 - \dfrac{1}{x^3} =$ [3] [4]

(4) $x^4 + \dfrac{1}{x^4} =$ [5] [6]

(5) $x^4 - \dfrac{1}{x^4} =$ [7] [8] $\sqrt{[9]}$　(ただし $x > 0$ とする)

第 2 問 (必須問題) (40 点)

2 次関数 $f(x) = x^2 + 2ax + a + 2$ (ただし, a は実数の定数) について考えるとき, 次の問いに答えよ。

(1) $y = f(x)$ の頂点の座標は ([10] [11] , [12] a^2 + [13] + [14]) である。

なお, [10] ~ [13] について解答に a が入る場合は, マーク欄の ⓐ をマークすること。

(2) 方程式 $f(x) = 0$ が解 $x = -2$ をもつとき, a の値を求めると $a =$ [15] である。

(3) 方程式 $f(x) = 0$ が異なる 2 つの実数解をもつような a の値の範囲を求めると

$a <$ [16] [17] , [18] $< a$ である。

(4) 方程式 $f(x) = 0$ が $0 < x < 2$ の範囲に異なる 2 つの実数解をもつような a の値の範囲を

求めると $\dfrac{[19]\,[20]}{[21]} < a <$ [22] [23] である。

(5) 方程式 $f(x) = 0$ が $0 < x < 2$ の範囲に少なくとも 1 つの実数解をもつような a の値の範囲を求めると [24] [25] [26] a [27] [28] [29] である。

なお, [26] と [27] には, ① <, ② ≦ のいずれかを選べ。

第 3 問 (選択問題) (30 点)

さいころを3回投げるとき，出た目の最小値を m，最大値を M とする。ただし，$m \leqq M$ とする。このとき，次の問いに答えよ。

(1) $m \geqq 4$ となる確率は $\dfrac{\boxed{30}}{\boxed{31}}$ であり，$M \geqq 5$ となる確率は $\dfrac{\boxed{32}\,\boxed{33}}{\boxed{34}\,\boxed{35}}$ である。

(2) $m = 3$ となる確率は $\dfrac{\boxed{36}\,\boxed{37}}{\boxed{38}\,\boxed{39}\,\boxed{40}}$ である。

(3) $m \leqq 3 \leqq M$ となる確率は $\dfrac{\boxed{41}\,\boxed{42}\,\boxed{43}}{\boxed{44}\,\boxed{45}\,\boxed{46}}$ である。

(4) $m = 1$ かつ $M = 6$ となる確率は $\dfrac{\boxed{47}}{\boxed{48}\,\boxed{49}}$ である。

(5) $M - m = 3$ となる確率は $\dfrac{\boxed{50}}{\boxed{51}}$ である。

第 4 問 (選択問題) (30 点)

(1) 2 進法で表された$110101_{(2)}$を 10 進法で表すと [52] [53] である。

(2) 10 進法で表された数 24 を 2 進法で表すと [54] [55] [56] [57] [58] $_{(2)}$ である。

(3) 10 進法で表された分数 $\frac{21}{32}$ を 2 進法の小数で表すと

0.[59] [60] [61] [62] [63] $_{(2)}$ である。

(4) 5 進法で表された$2024_{(5)}$を n 進法で表すと$174_{(n)}$になるとする。このとき，n の値は

$n=$ [64] [65] である。ただし，n は 8 以上の整数とする。

◀教育学部〈数理教育コース〉▶

（120分）

※第5問と第6問は選択問題。いずれかを選択。

第　1　問（必須問題）（30点）

2次関数 $f(x)=x^2+2ax+a+2$（ただし，a は実数の定数）について考えるとき，次の問いに答えよ。

(1) $y=f(x)$ の頂点の座標は（$\boxed{1}\boxed{2}$, $\boxed{3}a^2+\boxed{4}+\boxed{5}$）である。
なお，$\boxed{1}$ ～ $\boxed{4}$ について解答に a が入る場合は，マーク欄のⓐをマークすること。

(2) 方程式 $f(x)=0$ が解 $x=-2$ をもつとき，a の値を求めると $a=\boxed{6}$ である。

(3) 方程式 $f(x)=0$ が異なる2つの実数解をもつような a の値の範囲を求めると
$a<\boxed{7}\boxed{8}$, $\boxed{9}<a$ である。

(4) 方程式 $f(x)=0$ が $0<x<2$ の範囲に異なる2つの実数解をもつような a の値の範囲を求めると $\dfrac{\boxed{10}\boxed{11}}{\boxed{12}}<a<\boxed{13}\boxed{14}$ である。

(5) 方程式 $f(x)=0$ が $0<x<2$ の範囲に少なくとも1つの実数解をもつような a の値の範囲を求めると $\boxed{15}\boxed{16}\boxed{17}a\boxed{18}\boxed{19}\boxed{20}$ である。
なお，$\boxed{17}$ と $\boxed{18}$ には，①＜，②≦のいずれかを選べ。

第 2 問 （必須問題）（30 点）

さいころを 3 回投げるとき，出た目の最小値を m，最大値を M とする。ただし，$m \leqq M$ とする。このとき，次の問いに答えよ。

(1) $m \geqq 4$ となる確率は $\dfrac{\boxed{21}}{\boxed{22}}$ であり，$M \geqq 5$ となる確率は $\dfrac{\boxed{23}\,\boxed{24}}{\boxed{25}\,\boxed{26}}$ である。

(2) $m = 3$ となる確率は $\dfrac{\boxed{27}\,\boxed{28}}{\boxed{29}\,\boxed{30}\,\boxed{31}}$ である。

(3) $m \leqq 3 \leqq M$ となる確率は $\dfrac{\boxed{32}\,\boxed{33}\,\boxed{34}}{\boxed{35}\,\boxed{36}\,\boxed{37}}$ である。

(4) $m = 1$ かつ $M = 6$ となる確率は $\dfrac{\boxed{38}}{\boxed{39}\,\boxed{40}}$ である。

(5) $M - m = 3$ となる確率は $\dfrac{\boxed{41}}{\boxed{42}}$ である。

第　3　問（必須問題）（30点）

3直線 $y=\dfrac{1}{3}x+\dfrac{16}{3}$ …①，$y=-\dfrac{1}{2}x+\dfrac{9}{2}$ …②，$y=-\dfrac{1}{7}x+\dfrac{24}{7}$ …③
について考えるとき，次の問いに答えよ。

(1) 直線①と直線②，直線②と直線③，直線③と直線①の交点の座標をそれぞれ求めよ。

(2) 直線①，②，③で作られる三角形の外接円の方程式を求めよ。

(3) 直線①，②，③で作られる三角形の面積 S_1 を求めよ。

(4) (2) で求めた外接円の面積 S_2 を求めよ。

(5) 2直線①，②のなす角を2等分する直線の方程式を求めよ。

第　4　問（必須問題）（30点）

三角形OABにおいて，OA＝2，AB＝BO＝3とする。頂点Aから辺OBへ下ろした垂線の足をH，点Hから辺ABへ下ろした垂線の足をIとする。
$\overrightarrow{OA}=\vec{a}$，$\overrightarrow{OB}=\vec{b}$ とするとき，次の問いに答えよ。

(1) 内積 $\vec{a}\cdot\vec{b}$ を求めよ。

(2) 三角形OABの面積 S を求めよ。

(3) $\overrightarrow{AH}$ を $\vec{a}$，$\vec{b}$ を用いて表せ。

(4) $\overrightarrow{AI}$ を $\vec{a}$，$\vec{b}$ を用いて表せ。

第　5　問（選択問題）（30点）

関数 $f(x)=x\sqrt{4-x^2}$ について考えるとき，次の問いに答えよ。

(1) $f'(x)$ を求めよ。

(2) 関数 $f(x)$ の上の点 $(1,\ \sqrt{3})$ における接線の方程式を求めよ。

(3) $y=f(x)$ の極大値，極小値（そのときの x の値も含む）およびグラフの変曲点を求めよ。

(4) 関数 $y=f(x)$ のグラフの概形をかけ。

(5) $t=4-x^2$ と置換することにより，不定積分 $\int x\sqrt{4-x^2}\,dx$ を求めよ。

(6) 曲線 $y=f(x)$ と x 軸で囲まれる部分の面積 S を求めよ。

第 6 問 （選択問題）（30 点）

[1] $f(x)=\int_1^x (t^2-6t+8)\,dt$ とするとき，次の問いに答えよ。

(1) $f(x)=0$ を満たす x の値を求めよ。

(2) $f'(x)=0$ を満たす x の値を求めよ。

(3) $f(x)$ の $0 \leqq x \leqq 5$ における最大値と最小値を求めよ。また，そのときの x の値を求めよ。

[2] $f(x)=-x^2+x$ とし，関数 $y=f(x)$ のグラフを曲線 C とする。

(1) 点（1, 1）を通り，曲線 C に接する直線の方程式を求めよ。

(2) 曲線 C と（1）で求めた直線により囲まれる図形の面積 S を求めよ。

国語

（五〇分）

第一問

次の文章を読んで、後の問い（問一～八）に答えなさい。（配点50）

　X行きつけのチェーンの個室居酒屋に着くと、奥の席でレイコが座って一人で日本酒を飲んでいた。

「おつかれー。先に始めてたよ。金曜だから2時間制だってさ」

「しょうがないしょうがない。あ、すみません、（注1）生一つ」

　席まで案内してくれた店員にそう告げて、トレンチコートを脱ぐと、レイコがハンガーを渡してくれた。

「ありがとー。遅くなってごめんね、マジカルレイミー」

　そう声をかけると、レイコは頭を抱えて、お通しの筑前煮と枝豆が載ったテーブルに突っ伏してしまった。ここから見ると筑前煮に土下座しているように見える。

「どうしたの。マジカルレイミー？　この筑前煮にヴァンパイア・グロリアンの盛った毒でも入ってた？」

「もうやめて。ほんとやめて。Aいつになったら許してくれんの」

　突っ伏したままレイコが言った。私はコートをかけて席に座りながら肩をすくめた。

「許すも許さないも……レイコが私を小学校の校舎の中で魔法少女に誘ったのも、こんな陽気の春の日だったね」

　レイコは私の小学校の時からの友達だ。3年生のころ、テレビで「魔法少女キューティープリンセス」が始まり、学校中の、いや日本中の女の子がピンクの髪の魔法少女に夢中になった。私たちも例外ではなかった。一緒に魔法少女ペアになろうと、昼休みに旧校舎の階段の踊り場でこっそりと私を誘ったのはこのレイコだ。

　私たちは駅前の（注2）ダイエーのおもちゃ売り場でお揃いの変身コンパクトを買い、四丁目の公園のブランコで、誰にも秘密で魔法少女ペアとして学校と町内の平和を守ることを誓い合った。といっても、あのときは本当にキューティープリンセスが流行っていたから、そういう秘密の魔法少女たちが町内には死ぬほどいたに違いない。Bそれを今でも現役で続けているのは、私だけかもしれないが。

　魔法少女ペアになった私たちは、放課後になるとランドセルを放り出してどちらかの家にあつまり、秘密のノートに変身グッズや必殺技、悪の秘密結社ヴァンパイア・グロリアンにノートの内容がばれないための暗号やら何やら、そんなことを色鉛筆とカラフルなサインペンで夢中で書き綴(つづ)った。

　私たちは学校でも魔法少女としての任務を忘れなかった。昼休みになると、こっそりランドセルに忍ばせているコンパクトで、誰もいないベランダや空き教室で変身した。魔法少女になった私たちは手を取り合って校内のパトロールへと駆け出した。といっても、本当に敵がいるわけではないので、ゴミを焼却炉に持っていったり、花壇の(ア)ザッソウを抜いたりと、魔法少女ミラクリーナとマジカルレイミーの活動は極めて地味なものだった。

　あのころはどちらかというとレイコのほうが熱心で、休み時間も放課後も、「ね、そろそろ変身しよう！」と耳打ちしてくるのはレイコだった。給食の時間、じゃんけんで勝って手に入れた揚げパンを食べている私に近づいてきて、

「ねえ、大変！　さっきパトロールしてたら、音楽室から変な気配がしたの。ヴァンパイア・グロリアンが潜んでるのかも！　昼休みになったら一緒に見に行こう！」

と(イ)キキ迫る様子で言いだしたときは、この子は少し変になってしまったんじゃないかと、本気で不安になったものだった。

　変身してマジカルレイミーになったレイコは水の魔法使いで、必殺技はミントスプラッシュ。私はミラクリーナになると風の魔法が使えるようになり、必殺技はレインボーハリケーン。二人で力を合わせると最終必殺技のマジカルスタービームを出すことができるが、一回使うと一週間はパワーをためなくてはいけない。一方敵の秘密結社ヴァンパイア・グロリアンは闇の魔法を操り……などと細かい設定が沢山あるのだが、膨大すぎて、本人である私ですら把握しきれていない。

　レイコが塾のテストの成績が悪くなり、親からこっぴどく叱られて、お年玉で買い集めたキューティープリンセスのグッズを捨てられ、死守した変身コンパクトを泣きながら校庭に埋めたのが5年生のころだ。レイコは泣きじゃくりながら、

「いつか、絶対にこのコンパクトを取りに来るから！　そのときまで一人で戦って！　お願い、ミラクリーナ！」

と私に縋(すが)り、私も涙ぐみながらうなずいたのだった。

　そのままなんとなく、私たちの興味は魔法少女よりファッションに移り、こっそりとお互いの部屋でやる遊びは魔法の必殺技作りではなく密(ひそ)かに買ったピンクの色つきリップの使い方や、石鹸(せっけん)の香りのコロンのつけ合いっこや、編みこみの(ウ)レンシュウなどになった。

　そしてそのまま、今に至る。私はミラクリーナを辞めるきっかけをいまいち失ったまま、36歳になってしまった。

「そういえば、レイコが四丁目をパトロールしてたときにさあ。大変だったよね、ヴァンパイア・グロリアンの手先だ！　っていって黒猫を追いかけて、そしたらそれが杉井(すぎい)さんちの猫でさあ……」

「もう(エ)カンベンして。これ以上黒歴史掘り起こさないで。Y羞恥で死んじゃうから」

個室の扉が開いて、店員が私の生を運んできた。レイコはやっと顔をあげ、「すいません、(注3)久米仙(くめせん)(注4)ロックでください」と弱々しく告げた。

「あ、あと、エイヒレとたたみいわしくださーい」

店員が姿を消すと、レイコが渋い顔で手元のおちょこを呷(あお)った。

「あんたと会うと、酒がいくらあっても足んないわ。いつも思うんだけど、それ、どこまで冗談なの？」

「C全部冗談だし全部真実だよ。ごっこ遊びってそういうものでしょ」

レイコは煙草に火をつけた。レイコは煙草の銘柄をころころ変える。数年前、レイコの必殺技と同じ「ミントスプラッシュ」という煙草が発売されて、その時にさんざんからかったせいか、D私の前では絶対にメンソールを吸わなくなってしまった。

煙を吐き出しながら、Zしかめっ面のレイコが言う。

「中二病がかわいいのは中2までだからね」

「中二病も、80歳まで貫けば真実になるんだよ」

「あんた、そんな年まで続けるつもりなの!?」

E私は肩をすくめた。

「ここまできたらね。あのころは、目に見えない魔法を使って変身するのは子供だけだと思ってた。でも、大人がやっても駄目なんて法律はどこにもないし、いつまでだって見えない魔法で遊び続けていいんだって、20歳を超えて気付いたんだよね。皆もやればいいのに。あ、言わないだけで、実はこういう人ってたくさんいるのかも」

「いるわけないでしょ。ねえ、それさあ、まさか会社の人の前では言ってないよね？」

「まさかあ。私にだって社会性はありますし、それに秘密がバレたら力を失ってしまう……っていう〝設定〟なんだから」

言いながら、運ばれてきたエイヒレに手を伸ばす私に、レイコはやれやれと溜息(ためいき)をついた。

レイコはヘアアイロンできっちりと巻いた黒髪のロングヘアで、ストライプのシャツに鮮やかなグリーンのストールを羽織り、耳には大ぶりなピアスを付け、すっかりいい女風だ。このレイコが昔はあんなだったというギャップがおかしくて、ついからかってしまうのだ。それにこの話ができるのは、共犯者であるレイコだけだった。

36歳になってもまだ魔法少女を続けているなんて、当時の私が今の私を見たら、それこそぶったまげて(オ)ソクシするだろう。

でも私は、今の日常をわりと気に入っている。妄想するだけならだれに迷惑かけるわけでもないし、お金がかかるわけでもない。無論、自分が本物の魔法使いではないことくらいわかっているけれど、こうやって日常を面白おかしく料理して生きていくことで、平凡な光景はスリリングになって、退屈しない。

ストレスフルな日々をキュートな妄想で脚色して[F]何が悪いんだ、と私は思う。みんなもやればいいのに。でも、眼の前のレイコは険しい顔でたたみいわしにかじりついており、もういくら私が誘っても、マジカルレイミーには変身してくれなそうだった。

（村田沙耶香（さやか）「丸の内魔法少女ミラクリーナ」による）

（注）

1　生――生ビールのこと。

2　ダイエー――スーパーマーケットの名称。

3　久米仙――酒（泡盛）の銘柄。

4　ロック――オン・ザ・ロック。氷を入れたグラスに酒を注いだ飲み物。

問一　傍線部（ア）～（オ）の漢字と同じ漢字を含むものを、次の各群の①～⑤のうちから、それぞれ一つずつ選びなさい。解答番号は［1］～［5］。

（ア）ザッソウ　［1］

① メッソウなことを言うものではない
② 滋養キョウソウの薬を飲む
③ 森林の空気はソウカイで気持ち良い
④ 悪人たちのソウクツに潜入する
⑤ ガイドラインの原案をキソウする

（イ）キキ　［2］

① キバツなデザインの服を着る
② 当事者意識がキハクな生徒
③ 昨年秋に恩師がキセキに入られた
④ 彼女はゴキ鋭く自分の意見を述べた
⑤ 新生活の前途をキグする

（ウ）　レンシュウ　3

① シュウイツな作品を選ぶ
② 退団した選手のキョシュウに注目が集まる
③ 入社後に新人ケンシュウを受ける
④ 村に古くから伝わるカンシュウを破る
⑤ 相手の野次にオウシュウする

（エ）　カンベン　4

① 身内だけのカンソな結婚式
② センニュウカンにとらわれる
③ 諸般の情勢をカンアンする
④ 経理事務についてはモンガイカンだ
⑤ 不手際に対してカンダイな処置を求める

（オ）　ソクシン　5

① 国王がソクイして戴冠式が行われる
② 犯人の身柄をコウソクする
③ 図書の返却をトクソクする
④ 土地の面積をソクリョウする
⑤ 交通事故をジンソクに処理する

問二　波線部X「行きつけ」・Y「羞恥」・Z「しかめっ面」とあるが、それぞれの文脈において、それらと似た意味を持つ言葉として最も適当なものを、次の①～⑤からそれぞれ一つずつ選びなさい。解答番号は 6 ～ 8 。

X　行きつけ

6

① 行き交い
② お近付き
③ 掛かり付け
④ 馴染（なじ）み
⑤ 顔見知り

Y　羞恥

7

① こそばゆい
② 身の置き所がない
③ 行く当てのない

④ 合わせる顔がない

⑤ 腑甲斐ない

Z しかめっ面 **8**

① 眉をひそめる

② 面の皮を剝ぐ

③ 眉を吊り上げる

④ 面の皮が厚い

⑤ 眉に唾を付ける

問三 傍線部A「いつになったら許してくれんの」とあるが、なぜレイコは「私」に対してそのように言ったのか。その説明として最も適当なものを、次の①～⑤のうちから一つ選びなさい。解答番号は **9**。

① 魔法少女に夢中だった小学生時代の自分たちの行為を「私」に指摘されたことで、すっかり歳を取ってしまった今の自分の容姿をレイコは恥ずかしく思ったから。

② もう大人になったので魔法少女の恥ずかしい〝設定〟を封印したいと考えているが、いつまでも「私」がそれを仕掛けてくる現状にレイコは苛立ちを感じてしまったから。

③ マジカルレイミーという呼び方をやめてほしいとレイコは何度も「私」にお願いしていたが、会うたびに謝らないと「私」が聞く耳を持ってくれないと思ったから。

④ 36歳になっても魔法少女の〝設定〟が続くと小学生の頃は思っておらず、その当時に「私」を誘ってペアを組んでしまったことをレイコは後悔してしまったから。

⑤ 子供の頃に一緒に作った魔法少女の〝設定〟を今でも「私」が続けている様子に呆れつつも、その遊びに同調できなくなった自分は恩知らずな友人だと思ったから。

問四 傍線部B「それを今でも現役で続けているのは、私だけかもしれないが」とあるが、「私」はなぜそのように考えたのか。その説明として最も適当なものを、次の①～⑤のうちから一つ選びなさい。解答番号は **10**。

① レイコと「私」の興味は魔法少女よりファッションに移り、お互いの部屋でやる遊びは色つきリップの使い方や石鹸の香りのコロンのつけ合いっこになったから。

② 同じ町内に「私」やレイコと同じような秘密の魔法少女たちが死ぬほどいたことは把握しているが、彼女たちは大人になるにつれて魔法の力を失ってしまったから。

③　レイコには親に怒られて魔法少女のグッズを捨てられるという直接的なきっかけがあったが、「私」は親に怒られることもないままに素直に大人になってしまったから。

④　校庭に埋められた変身コンパクトが気掛かりで、「そのときまで一人で戦って！」というレイコとの誓いを大人になった今でも「私」は固く守ろうと考えているから。

⑤　一般的に人は成長するにつれてごっこ遊びから卒業してしまうものだが、「私」には魔法少女を辞める直接的なきっかけがなく、むしろそれを今でも楽しめているから。

問五　傍線部C「全部冗談だし全部真実だよ」とあるが、それはどういうことか。その説明として最も適当なものを、次の①～⑤のうちから一つ選びなさい。解答番号は **11** 。

①　ごっこ遊びは仲間内で決められた〝設定〟を真実であるとみんなが思い込みながら楽しむものである。とはいえ、その〝設定〟に少しでも疑問があるときには、全部が冗談に思えてしまうものだから。

②　ごっこ遊びは相互に確認し合った〝設定〟の有効性が問われるものである。そのため、その〝設定〟が有効なうちは全部が真実になりうるし、その〝設定〟が無効となれば全部が冗談に見えてしまうものだから。

③　ごっこ遊びは誰かが一方的に決めた〝設定〟を仲間内で広く共有・公開すべきものである。その〝設定〟が共有されているうちは真実になるが、それが非公開となればあらゆる物事が冗談に見えてしまうものだから。

④　ごっこ遊びは事前に取り決めた〝設定〟の役割になりきるものである。そのため、役になりきっている間は本人にとって全部が真実に見えるし、もう一方ではその全部が冗談だということも分かっているものだから。

⑤　ごっこ遊びはみんなで〝設定〟を作り込んでいく作業が重要であり、創作活動に位置付けられるものである。創作された〝設定〟は真実だが、それを真剣に守ろうとすればかえって冗談っぽく見えてしまうものだから。

問六　傍線部D「私の前では絶対にメンソールを吸わなくなってしまった」とあるが、レイコはなぜそのように自らの行動を制限するようになったのか。その説明として最も適当なものを、次の①～⑤のうちから一つ選びなさい。解答番号は **12** 。

①　自分が水の属性を持つ魔法使いのマジカルレイミーであり、煙草という火の属性と相反する特性とは〝設定〟が矛盾するようになってしまったから。

②　格好つけてメンソール風味の煙草を吸っている様子を「私」からさんざんからかわれ

てしまったことで、「私」の前で吸いづらくなってしまったから。

③ 自分が〝設定〟した架空の必殺技の名前と現実の商品名が重なってしまったことで、からかうのに格好の話題を「私」に提供する羽目になってしまったから。

④ 以前はメンソール風味の煙草を好んで嗜(たしな)んでいたが、偶然にも「私」の好みと被ってしまったことで銘柄を変えたくなってしまったから。

⑤ 自分が子供の頃に考えた架空の必殺技の名前が実際の商品名として採用されたことで、言葉の用例としてすっかり陳腐化してしまった気がしたから。

問七 傍線部E「私は肩をすくめた」とあるが、この行動を取ったときの「私」はどのような様子だったのか。その説明として最も適当なものを、次の①～⑤のうちから一つ選びなさい。解答番号は 13 。

① 「私」が年齢にそぐわない振る舞いをしていることは自分でも理解しているが、そのような日常を脚色する「私」の処世術について全く理解していないレイコのつれない態度に余裕を持って対応している様子。

② 会社の人の前で〝設定〟をバラすようなことは決して行わない程度の常識的な考えを「私」は持っているが、レイコはまるで「私」がそういった社会性を全く身に付けていないと疑っていることに驚いた様子。

③ 以前の「私」は目に見えない魔法で変身するのは子供だけのことだと思っていたが、そうだとはっきり言わないだけで実際はごっこ遊びをする大人が多いことを把握しており、レイコの視野の狭さを哀れむ様子。

④ ごっこ遊びを大人がやってはいけないという法律はないが、「私」は20歳を超えてからようやくそのことに気付いたため、「私」よりも早くそのような世の中の仕組みを知っていたレイコの感受性に感服する様子。

⑤ レイコは今ではすっかりいい女風になっているが、幼い頃は魔法少女に憧れる純粋な子供であり、「私」は彼女の変化を知っているという共犯関係が余りにも愉快なため、今後も仲の良い友達でいたいと好感を抱く様子。

問八 傍線部F「何が悪いんだ」とあるが、「私」はなぜそのように考えたのか。その説明として最も適当なものを、次の①～⑤のうちから一つ選びなさい。解答番号は 14 。

① ごっこ遊びやキュートな妄想を楽しむ行為は、必ずしも子供たちだけの特権ではなく、大人になってもできることをみんなにも知ってほしいと思ったから。

② 日常を面白おかしく料理していく生き方は、そもそも誰にも迷惑を掛けることもない純粋に楽しい行為であるため、良いとも悪いとも言い切れないから。

③ 大人になるとごっこ遊びや妄想は白い目で見られがちだが、ストレスの溜(た)まる現実を乗り越える力をもたらしてくれる前向きな行為だと思っているから。

④ ごっこ遊びや妄想による脚色は子供だけではなく、大人であっても全くお金が掛からない趣味であり、経済的な心配をする必要はないから。

⑤ レイコは既に魔法少女からの引退を宣言しており、「私」の妄想に全く付き合ってくれなくなったため、レイコ以外に同志を探したいと思ったから。

第二問

次の文章は本居宣長が吉野山を旅した時の紀行文の一節である。これを読んで、後の問い（問一〜八）に答えなさい。（配点35）

世尊寺(注1)、古めかしき寺にて、大きなる古き鐘などあり。なほ登りて、蔵王堂(注2)より十八町(注3)といふに、子守(注4)の神まします。この御社はよろづの所よりも心入れて静かに拝(おが)み奉る。さるは、昔我が父なりける人、子持たら(a)ぬことを深く嘆き給ひて、はるばるとこの神にしも、祈(ねぎ)ごとし給ひける。(ア)しるしありて、程もなく、母なりし人、ただならずなり給ひしかば、かつがつ願ひかなひぬと、いみじう悦びて、同じくは男子(をのこご)得させ給へとなん、いよいよ深く念じ奉り給ひける。われはさて生まれつる身ぞかし。十三になりなば、かならずみづから(b)ゐて詣でて、(イ)返り申しはせさせんと、のたまひわたりつるものを、今すこしえ(c)たへ給はで、わが十一といふになん、父は亡(う)せ給ひぬると、母なんもののついでごとにはのたまひ出でて、涙落とし給ひし。かくて(A)その年にもなりしかば、父の願(ぐわん)果たさせんとて、かひがひしう出でたたせて、詣でさせ給ひしを、今はその人さへ亡(な)くなり給ひにしかば、さながら夢のやうに、

思ひ出づるそのかみ垣に手向して幣より繁く散る涙かな

袖も絞りあへずなん。かの度(たび)は、むげにわかくて、まだ何事も覚えぬほどなりしを、やうやう人となりて物の心も弁(わきま)へ知るにつけては、(B)昔の物語を聞きて、神の御恵みのおろかならざりし事をし思へば、心にかけて、朝ごとには、こなたに向きて拝みつつ、また(ウ)ふりはへても詣でまほしく、思ひわたりしことなれど、何くれと紛れつつ過ぎこしに、三十年を経て、今年また四十三にて、かく詣でつるも、契り浅からず、(エ)年頃の本意かなひつる心地して、いとうれしきにも、落ちそふ涙は一つ也。(C)そも花の便りは、すこし心浅きやうなれど、ことごとのついでな

らんよりは、さりとも神も思しゆるして、請(う)け引き給ふらんと、なほ頼もしくこそ。

（本居宣長『菅笠日記(すがかさにっき)』による）

（注）

1 世尊寺――吉野山にある金峯山寺(きんぷせんじ)の別院。

2 蔵王堂――金峯山寺の本堂。

3 十八町――約二キロメートル。

4 子守の神――吉野水分(みくまり)神社の神。

問一 傍線部（ア）〜（エ）の解釈として最も適当なものを、次の各群の①〜⑤のうちから、それぞれ一つずつ選びなさい。解答番号は 15 〜 18 。

（ア）しるしありて **15**

① 合図をして
② 妊娠の兆候があって
③ 目印を付けて
④ 御利益があって
⑤ はっきりとしていて

（イ）返り申し **16**

① 神への返答
② 帝への報告
③ 相手への返礼
④ 歌の返し
⑤ 神へのお礼参り

（ウ）ふりはへても詣でまほしく **17**

① 無理をしてでも参詣したいと
② 日にちをかけてでも参詣したいと
③ 家族を振り払ってでも参詣したいと
④ 雨が降っていても参詣したいと
⑤ 雨がやんでからでも参詣したいと

（エ）年頃の本意　18

① 適齢期の願望
② 長年の宿願
③ 最近の本心
④ 懇意にしたい相手
⑤ 是非やり遂げたい本懐

問二　二重傍線部a「ぬ」と同じ意味を持つ助動詞を含む文を、次の①～⑤のうちから一つ選びなさい。解答番号は 19 。

① 願ひかなひぬと
② 十三になりなば
③ 亡せ給ひぬると
④ 亡くなり給ひにしかば
⑤ 覚えぬほどなりしを

問三　二重傍線部b「ゐ」・c「た」を漢字に直した場合、最も適当なものを、次の各群の①～⑤のうちから、それぞれ一つずつ選びなさい。解答番号は 20 ・ 21 。

b「ゐ」　20

① 要
② 居
③ 入
④ 率
⑤ 射

c「た」　21

① 賜
② 絶
③ 堪
④ 食
⑤ 答

問四 傍線部A「その年」とは何歳のことか。次の①〜⑤のうちから一つ選びなさい。解答番号は 22 。

① 十一歳
② 十二歳
③ 十三歳
④ 三十歳
⑤ 四十三歳

問五 波線部の和歌「思ひ出づるそのかみ垣に手向して幣より繁く散る涙かな」の説明として最も適当なものを、次の①〜⑤のうちから一つ選びなさい。解答番号は 23 。

① 「思ひ出づる」で切れる初句切れの歌である。
② 「そのかみ垣に手向して」は「幣」を導く序詞である。
③ 「思ひ出づる」は「そのかみ」を導く枕詞である。
④ 「神」と「幣」と「涙」は縁語である。
⑤ 「そのかみ垣」は昔の意の「そのかみ」と「神垣」との掛詞である。

問六 傍線部B「昔の物語」とは何か。その説明として最も適当なものを、次の①〜⑤のうちから一つ選びなさい。解答番号は 24 。

① 父が子守の神に祈願したおかげで宣長が誕生したこと。
② 宣長が元服するまで父が生きることができなかったこと。
③ 父も母も既に亡くなり、一緒にお参りできなかったこと。
④ 光源氏が長谷寺で夕顔の娘と運命的な出会いを果たしたこと。
⑤ 在原業平が幼なじみの女と結ばれ、幸せな人生を送ったこと。

問七　傍線部C「そも花の便りは、すこし心浅きやうなれど、ことごとのついでならんよりは、さりとも神も思しゆるして、請け引き給ふらんと、なほ頼もしくこそ」とあるが、その解釈として最も適当なものを、次の①～⑤のうちから一つ選びなさい。解答番号は 25 。

① それにしても花が咲いたという知らせは少し望み薄であるけれども、毎度何かのついでに参るよりは、そういうものと神もお思いになり、許してくださって、受け入れてくださることだろうと、やはり心強く思われる。
② それにしても今年の桜の開花は少し遅いようであるけれども、ほかの用事のついでに参るよりは、そのように神もお許しくださって、願いごとを聞き入れてくださることだろうと、やはり心強く思われる。
③ それにしても桜をあしらった便箋は少し色が薄いようであるけれども、そうはいってもほかの紙に書くよりは神も許してくださって、手紙を受け取ってくださることだろうと、やはり心強く思われる。
④ それにしても花見を口実に神社に参詣するのは少し信心が浅いようではあるけれども、ほかの用事のついでに参るよりは、それでも神もお許しくださって受け入れてくださることだろうと、やはり心強く思われる。
⑤ それにしても花が咲いたという知らせは少し信頼度が低いけれども、ほかのことを口実に参るよりは、まだしも神も許してくださって、篤(あつ)い志を受け取ってくださることだろうと、やはり心強く思われる。

問八　本居宣長の著作を、次の①～⑤のうちから一つ選びなさい。解答番号は 26 。

① 三冊子
② 玉勝間
③ 好色一代男
④ 伊勢音頭恋寝刃(こいのねたば)
⑤ 南総里見八犬伝

第三問

次の文章を読んで、後の問い（問一～四）に答えなさい。（なお設問の都合で送り仮名を省いたところがある。）（配点15）

自リレ古(いにしへ)書(注1)契多ク編ヌルニ以テシ二竹簡ヲ一、其ノ用キル二縑帛(けんぱく)(注2)ヲ一者ハ謂ヒテレ之ヲ為スレ紙ト。X縑貴ニシテ而簡重ク、並ビニ不レ便ナラ二於人ニ一。倫(注3)乃チa造意、用キテ二樹膚(注4)、麻頭及ビ敝(へい)布(ふ)、魚網ヲ一以テ為(つく)ルレ紙ヲ。元(注5)興元年b奏二上ス之ヲ一。Y帝善(よみ)シ二其ノ能ヲ一、自リレ是レ莫シレ不ル二従ヒ用キ一焉。故ニ天下咸(みな)称ス二「蔡(さい)侯(こう)紙(し)」ト一。

（『後漢書』蔡倫伝による）

（注）

1　書契――文字。

2　縑帛――絹織物。

3　倫――蔡倫(さいりん)。後漢の役人。蔡侯とも呼ばれた。

4　樹膚、麻頭及敝布、魚網――それぞれ木の皮、細かく砕いた麻、ぼろ布、魚を捕る網のこと。

5　元興元年――元興は後漢の年号。西暦一〇五年。

問一　傍線部a「造意」・b「奏上」の解釈として最も適当なものを、次の各群の①～⑤のうちから、それぞれ一つずつ選びなさい。解答番号は 27 ・ 28 。

a「造意」 27
① 偽造する
② 製造する
③ 意見する
④ 発見する
⑤ 発案する

b「奏上」 28
① 皇帝に申し上げる
② 皇帝が申し上げる
③ 蔡倫に申し上げる
④ 皇帝に演奏する
⑤ 蔡倫に演奏する

問二　傍線部X「縑貴而簡重、並不㆑便㆓於人㆒」とあるが、どういう意味か。その内容として最も適当なものを、次の①～⑤のうちから一つ選びなさい。解答番号は 29 。

① 絹織物は貴重で簡便かつ重要なものだが、一般の人が使うには不便である。
② 絹織物は貴重で竹簡は重要であるため、どちらも一般の人が使うには不便である。
③ 絹織物は貴人が使い、竹簡は下層の者が使うため、一般の人が使うには不便である。
④ 絹織物は高価で竹簡は重いため、どちらも人が文字を書くには不便である。
⑤ 絹織物は高価で簡便かつ重要なものだが、人が文字を書くには不便である。

問三　傍線部Y「帝善㆓其能㆒、自㆑是莫㆑不㆓従用㆒焉」とあるが、どういう意味か。その内容として最も適当なものを、次の①～⑤のうちから一つ選びなさい。解答番号は 30 。

① 皇帝が蔡倫の作った紙の性能を称賛し、誰もが蔡倫の意見に従うようになった。
② 皇帝は蔡倫の才能を称賛し、その後、誰もが皇帝の命令に従わざるを得なくなった。
③ 皇帝が蔡倫の作った紙の性能を称賛し、誰もがその紙を使わざるを得なくなった。
④ 皇帝は蔡倫の才能を称賛し、その後、誰もが蔡倫の作った紙を使うようになった。
⑤ 皇帝は蔡倫の言うことをよく聞き、その後、誰もが蔡倫の意見に従うようになった。

問四　この文章の内容として最も適当なものを、次の①～⑤のうちから一つ選びなさい。解答番号は 31 。

① 文字はもともと竹簡に書かれていたが、同時に絹織物にも書かれ、それが紙と言われていた。しかし、蔡倫は安い材料を使って新たな紙を作り、それが一般に広まった。
② 文字はもともと竹簡に書いていたが、後に安価な「蔡侯紙」が出回るようになった。さらに、その後に高級な絹織物を使って文字を書くようになった。
③ 文字はもともと高価な絹織物に書かれ、それが紙と呼ばれていたが、蔡倫は安い材料を使って偽物の紙を作り出し、疎まれつつも、世間に大量に広まることとなった。
④ 文字はもともと竹簡に書かれていたが、その後、高価な絹織物に書かれて紙と呼ばれるようになった。さらに、「蔡侯紙」ができ、それが紙と呼ばれるようになった。
⑤ 文字はもともと竹簡と高価な絹織物に書かれていた。その後、蔡倫は不要になった竹簡と絹織物を材料として紙を作り、「蔡侯紙」を発明した。

解答編

英語

Ⅰ 解答

1－2　**2**－3　**3**－2　**4**－1　**5**－2　**6**－3
7－2　**8**－1　**9**－6　**10**－5　**11**－3　**12**－7
13－4　**14**－1　**15**－2　**16**－2　**17**－3　**18**－2　**19**－3　**20**－5
21－4　**22**－3　**23**－1　**24**－1　**25**－2　**26**－1　**27**－2　**28**－2
29－1

解説

《日本の道》

1． are widely recognized as remarkable～「並外れた～として広く認められている」 ②extraordinary「並外れた」が適切。

2． many paths could lead people to～「多くの道が人々を～へ導く」 ③guide「連れていく，導く」が適切。

3． the cultural influence of these ancient roads on～「これらの古い道の～に対する文化的影響」 ②effect「影響」が適切。

4． In certain areas along the *ekiden* courses「駅伝コースの，あるエリアにおいては」 ①particular「特定の，ある」が適切。

5． played a significant role「重要な役割を果たした」 ②important「重要な」が適切。

6． numerous「たくさんの」 ③many より堅い語。

7・8． 駅伝と呼ばれているレースを説明しており，波線部は which is named after this（road system）となる。after「～に倣って」 name after で「～にちなんで名付ける」。

9．「急な，険しい」 ⑥「急激に上ったり下りたりするもの」

10．「茂った」 ⑤「すぐ近くに位置するたくさんのもの」

11.「小道，細道」 ③「歩くことによって作られた小さな道」

12.「超える，～以上である」 ⑦「思っていた数や量より多大」

13.「称賛，評価」 ④「とても良いと考えられている」

14.「事件，出来事」 ①「いやな，普通でない出来事」

15.「約束，責任」 ②「何かをするという約束や決意」

16. 第1段最終文（It meant that …）で説明されている。

17. 第2段第2文（In the third …）に one foreign visitor が日本の道について書き残したとの記述があり，③「外国からの来訪者が古代の日本に狭い道を作った」が本文の内容と違うことがわかる。

18～21. 第4段第2文（Today, we take …）の内容を言い換えている。neither *A* nor *B*「*A* でも *B* でもない」

22. 本文では古代から近年までの日本の道路の発展について時系列に添った記述がされている。第3段（While roads weren't …）での12世紀から19世紀までの説明を受け，第4段冒頭に置くのが適切である。

23. ⑴「道の重要性は今日の英語に反映されている」 第1段第3文（The significance of …）に一致。

24.「古代日本の政府が道に馬のための場所を作った」 第2段第4・5文（However, by the … "tenma" in Japanese.）に一致。

25.「中世日本では，人々は傷ついた道をすぐに作り直した」 第5段第4・5文（This road in … ever occurred there.）より21世紀以降のことであり不一致。

26.「今日の，ある場所までのドライブの便利さと安さは，私たちがしばしば見落とす観点である」 第4段第2文（Today, we take …）「今日，海の下のトンネルや，山を通り抜けて簡単に安く行きたい場所にたどりつけることを，私たちは当たり前のことだと思っている」に一致。

27.「古代日本において政府は8,000キロメートル以上の道を作った」 第4段最終文（By the early …）より21世紀のことであるので不一致。

28.「ニュース報道によると，道の穴の修復にはとても長い時間がかかった」 第5段第4・5文（This road in … ever occurred there.）より不一致。

29.「筆者によると，日本においては効率と品質は重要な価値である」 第5段最終文（What this incident …）に一致。

Ⅱ　解答

30—1　**31**—3　**32**—1　**33**—1　**34**—3　**35**—4
36—1　**37**—4　**38**—3　**39**—4　**40**—2　**41**—2
42—2　**43**—2

解説

30. take turns「交替でする」 one after another「次々に」

31. out of place「場違いで」「彼のウィンターブーツは会社においては場違いに見える」という意味になる。in the office が続くので out of time「タイミングのずれた，季節外れの」ではつながりが不自然。

33. all you need to do is (to) *do*「あなたがしなければならないことは～だけだ，～するだけでいい」

35. any of the others I've tried「私がこれまで食べてみたことのある他のどれよりも」

36. 主語が人ではないことに注意する。

37. go beyond ～「～を超える，～にとどまらない」

39. wonder if ～「～かどうかと思う」

42. look like ～「～のように見える」

Ⅲ　解答

44—1　**45**—4　**46**—1　**47**—2

解説

44. How about you?「あなたはどう？」 自分の説明のあとに相手についてたずねている。

45. B が授業で話す予定の内容を答えているので④の topic を質問したことがわかる。

46. A が最後の発言で「履き心地を試したい」と言っているので①「この靴を履いてみてもいいですか？」が適切。

47. B が Which do you prefer? と聞いているので宅配か冷凍食品か考えていたとするのが適切。

日本史

1 解答 《律令政治と藤原氏》

1―② 2―① 3―① 4―② 5―③ 6―④ 7―④

2 解答 《中世の東アジア外交史》

8―④ 9―② 10―② 11―④ 12―③ 13―③ 14―②

3 解答 《近世の経済》

15―③ 16―① 17―② 18―④ 19―① 20―③ 21―②

4 解答 《明治・大正期の文化》

22―② 23―③ 24―② 25―③ 26―④ 27―⑥ 28―③

5 解答 《日本の思想史》

29―③ 30―① 31―④ 32―④ 33―② 34―①

世界史

1 解答 《古代ローマ文化》

1—③ 2—② 3—① 4—④ 5—① 6—⑦ 7—⑤ 8—③

2 解答 《イスラーム教・イスラーム世界》

9—③ 10—① 11—③ 12—② 13—④ 14—② 15—① 16—③
17—③

3 解答 《宋代の経済》

18—⑤ 19—③ 20—④ 21—④ 22・23—③・⑤（順不同） 24—④
25—④

4 解答 《19～20 世紀のドイツとその周辺》

26—① 27—③ 28—③ 29—③ 30—① 31—① 32—② 33—①

政治・経済

1 解答 《国際連合》

1—②　2—③　3—④　4—①　5—④　6—③　7—①　8—②
9—②

2 解答 《国会，内閣，裁判所，地方自治のしくみ》

10—⑦　11—⑥　12—③　13—②　14—⑧　15—③　16—①　17—①

3 解答 《戦後日本経済の復興と高度経済成長》

18—②　19—③　20—③　21—①　22—①　23—③　24—②　25—②

4 解答 《日本の農業の変遷》

26—②　27—④　28—③　29—①　30—③　31—④　32—②　33—③

数　学

◀文・教育〈数理教育コース以外〉・現代日本社会学部▶

1 解答 《数と式》

1. 2　**2.** 6　**3・4.** 14　**5・6.** 34　**7・8.** 24　**9.** 2

2 解答 《2次関数》

10・11. $-a$　**12.** $-$　**13.** a　**14.** 2　**15.** 2　**16・17.** -1
18. 2　**19・20.** -6　**21.** 5　**22・23.** -1　**24・25.** -2　**26.** 1
27. 2　**28・29.** -1

3 解答 《確　率》

30. 1　**31.** 8　**32・33.** 19　**34・35.** 27　**36・37.** 37
38・39・40. 216　**41・42・43.** 181　**44・45・46.** 216　**47.** 5
48・49. 36　**50.** 1　**51.** 4

4 解答 《整数の性質》

52・53. 53　**54・55・56・57・58.** 11000
59・60・61・62・63. 10101　**64・65.** 13

◀教育学部〈数理教育コース〉▶

1 解答 《2次関数》

1・2. $-a$ **3.** $-$ **4.** a **5.** 2 **6.** 2 **7・8.** -1
9. 2 **10・11.** -6 **12.** 5 **13・14.** -1 **15・16.** -2 **17.** 1
18. 2 **19・20.** -1

2 解答 《確 率》

21. 1 **22.** 8 **23・24.** 19 **25・26.** 27 **27・28.** 37
29・30・31. 216 **32・33・34.** 181 **35・36・37.** 216 **38.** 5
39・40. 36 **41.** 1 **42.** 4

3 解答 《図形と方程式，三角関数》

(1) ①と②を連立して

$$\frac{1}{3}x+\frac{16}{3}=-\frac{1}{2}x+\frac{9}{2}$$

これを解いて　$x=-1$

①に代入して　$y=5$

よって，直線①と直線②の交点は

$(-1,\ 5)$ ……(答)

②と③を連立して

$$-\frac{1}{2}x+\frac{9}{2}=-\frac{1}{7}x+\frac{24}{7}$$

これを解いて　$x=3$

②に代入して　$y=3$

よって，直線②と直線③の交点は

$(3,\ 3)$ ……(答)

③と①を連立して

$$-\frac{1}{7}x+\frac{24}{7}=\frac{1}{3}x+\frac{16}{3}$$

これを解いて　　$x=-4$

①に代入して　　$y=4$

よって，直線③と直線①の交点は

$(-4,\ 4)$ ……(答)

(2) 求める外接円の方程式を $x^2+y^2+lx+my+n=0$ とおく。

$(-1,\ 5)$ を代入して

$1+25-l+5m+n=0$

$(3,\ 3)$ を代入して

$9+9+3l+3m+n=0$

$(-4,\ 4)$ を代入して

$16+16-4l+4m+n=0$

これらを整理すると

$l-5m-n=26,\ 3l+3m+n=-18,\ 4l-4m-n=32$

これを解いて

$l=2,\ m=0,\ n=-24$

よって，求める外接円の方程式は

$x^2+y^2+2x-24=0$ ……(答)

(3) 2点 $(-4,\ 4)$，$(3,\ 3)$ を結ぶ線分の長さは

$$\sqrt{\{3-(-4)\}^2+(3-4)^2}=\sqrt{50}$$
$$=5\sqrt{2}$$

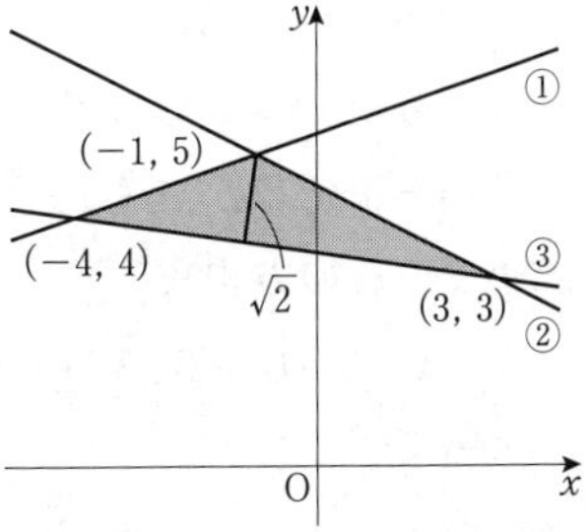

点 $(-1,\ 5)$ から

直線③（$\Longleftrightarrow x+7y-24=0$）への距離は

$$\frac{|-1+35-24|}{\sqrt{1^2+7^2}}=\frac{10}{5\sqrt{2}}$$
$$=\sqrt{2}$$

よって，求める面積 S_1 は

$$S_1=\frac{1}{2}\cdot5\sqrt{2}\cdot\sqrt{2}=5$$ ……(答)

(4) (2)の結果が $(x+1)^2+y^2=25$ と変形されることより，点 $(-1,\ 0)$ を中心とした半径5の円を表す。よって

$\pi\cdot 5^2=25\pi$　……(答)

(5)　まず①と②のなす角の大きい方を二等分する直線を考える。直線①と直線 $y=5$ のなす角を α，直線②と直線 $y=5$ のなす角を β，求める直線と直線 $y=5$ のなす角を θ とする。

右図より

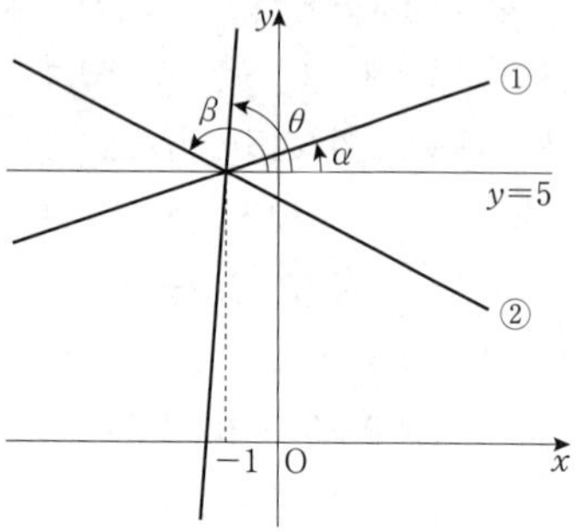

$\tan\alpha=\dfrac{1}{3}$，$\tan\beta=-\dfrac{1}{2}$

$\theta=\dfrac{\alpha+\beta}{2}$ より $2\theta=\alpha+\beta$ なので

$$\tan 2\theta=\tan(\alpha+\beta)=\frac{\tan\alpha+\tan\beta}{1-\tan\alpha\tan\beta}=\frac{\frac{1}{3}+\left(-\frac{1}{2}\right)}{1-\frac{1}{3}\cdot\left(-\frac{1}{2}\right)}=-\frac{1}{7}$$

一方，$\tan 2\theta=\dfrac{2\tan\theta}{1-\tan^2\theta}$ より

$$-\frac{1}{7}=\frac{2\tan\theta}{1-\tan^2\theta}$$

すなわち　$\tan^2\theta-14\tan\theta+1=0$

これを解いて

$\tan\theta=7\pm 5\sqrt{2}$

図より $\tan\theta>0$ なので　$\tan\theta=7+5\sqrt{2}$

求める直線は，点 $(-1,\ 5)$ を通り傾きが $7+5\sqrt{2}$ の直線であるので，求める直線の方程式は

$y-5=(7+5\sqrt{2})\{x-(-1)\}$

よって

$y=(7+5\sqrt{2})x+12+5\sqrt{2}$　……④

さらに，①と②のなす角の小さいほうを二等分する直線は①と②の交点 $(-1,\ 5)$ を通り④の直線と直交するため，傾きが $\dfrac{-1}{7+5\sqrt{2}}=7-5\sqrt{2}$ か

つ $(-1,\ 5)$ を通る直線である。

つまり

$$y=(7-5\sqrt{2})x+12-5\sqrt{2}$$

よって

$$\begin{cases} y=(7+5\sqrt{2})x+12+5\sqrt{2} \\ y=(7-5\sqrt{2})x+12-5\sqrt{2} \end{cases} \quad \cdots\cdots(答)$$

4 解答 《ベクトル》

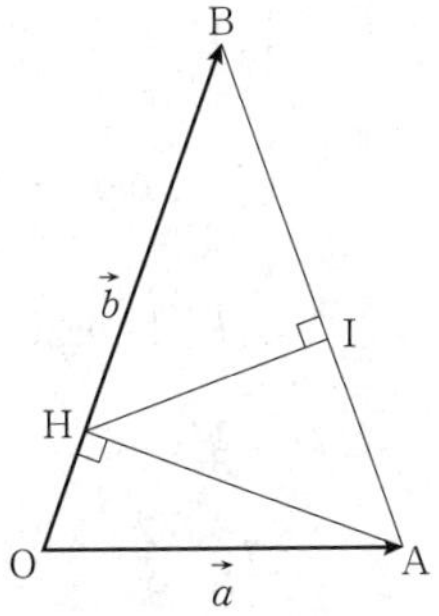

(1)　$|\overrightarrow{AB}|=|\vec{b}-\vec{a}|=3$ より

$$|\vec{b}-\vec{a}|^2=9$$

すなわち

$$|\vec{b}|^2-2\vec{a}\cdot\vec{b}+|\vec{a}|^2=9$$

$|\overrightarrow{OA}|=|\vec{a}|=2,\ |\overrightarrow{OB}|=|\vec{b}|=3$ より

$$9-2\vec{a}\cdot\vec{b}+4=9$$

よって

$$\vec{a}\cdot\vec{b}=2 \quad \cdots\cdots(答)$$

(2)　$$S=\frac{1}{2}\sqrt{|\vec{a}|^2|\vec{b}|^2-(\vec{a}\cdot\vec{b})^2}=\frac{1}{2}\sqrt{4\cdot9-2^2}$$

$$=2\sqrt{2} \quad \cdots\cdots(答)$$

(3)　点 H は辺 OB 上にあるので，実数 k を用いて $\overrightarrow{OH}=k\vec{b}$ と表せる。このとき

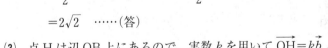

$$|\overrightarrow{AH}|=\overrightarrow{OH}-\overrightarrow{OA}=-\vec{a}+k\vec{b}$$

AH⊥OB より

$$\overrightarrow{AH}\cdot\overrightarrow{OB}=0$$

すなわち　　$(-\vec{a}+k\vec{b})\cdot\vec{b}=0$

これを解いて

$$9k-2=0$$

すなわち　　$k=\dfrac{2}{9}$

よって

$$\overrightarrow{\mathrm{AH}}=-\vec{a}+\frac{2}{9}\vec{b} \quad \cdots\cdots(\text{答})$$

(4) 点Iは辺AB上にあるので，実数 l を用いて $\overrightarrow{\mathrm{AI}}=l\overrightarrow{\mathrm{AB}}=l(-\vec{a}+\vec{b})$ と表せる。HI⊥AB より

$$(\overrightarrow{\mathrm{AI}}-\overrightarrow{\mathrm{AH}})\cdot\overrightarrow{\mathrm{AB}}=0$$

すなわち

$$\left\{l(-\vec{a}+\vec{b})-\left(-\vec{a}+\frac{2}{9}\vec{b}\right)\right\}\cdot(\vec{b}-\vec{a})=0$$

$$\left\{(1-l)\vec{a}+\left(l-\frac{2}{9}\right)\vec{b}\right\}\cdot(\vec{b}-\vec{a})=0$$

$$(l-1)|\vec{a}|^2+\left(-2l+\frac{11}{9}\right)\vec{a}\cdot\vec{b}+\left(l-\frac{2}{9}\right)|\vec{b}|^2=0$$

$$4(l-1)+2\left(-2l+\frac{11}{9}\right)+9\left(l-\frac{2}{9}\right)=0$$

これを解いて

$$9l=\frac{32}{9}$$

すなわち　$l=\dfrac{32}{81}$

よって

$$\overrightarrow{\mathrm{AI}}=\frac{32}{81}(-\vec{a}+\vec{b}) \quad \cdots\cdots(\text{答})$$

5 解答 《微・積分法》

(1)

$$f'(x)=\sqrt{4-x^2}+x\cdot\frac{-2x}{2\sqrt{4-x^2}}=\frac{4-x^2-x^2}{\sqrt{4-x^2}}$$

$$=\frac{-2x^2+4}{\sqrt{4-x^2}} \quad \cdots\cdots(\text{答})$$

(2) $f'(1)=\dfrac{2}{\sqrt{3}}=\dfrac{2\sqrt{3}}{3}$ より，求める接線は点 $(1,\ \sqrt{3})$ を通り傾き $\dfrac{2\sqrt{3}}{3}$ の直線なので

$$y-\sqrt{3}=\frac{2\sqrt{3}}{3}(x-1)$$

よって

$$y=\frac{2\sqrt{3}}{3}x+\frac{\sqrt{3}}{3}\quad \cdots\cdots(答)$$

(3)　$$f''(x)=\frac{-4x\sqrt{4-x^2}+(-2x^2+4)\cdot\dfrac{-2x}{2\sqrt{4-x^2}}}{(\sqrt{4-x^2})^2}$$

$$=\frac{-4x\sqrt{4-x^2}+\dfrac{-2x^3+4x}{\sqrt{4-x^2}}}{4-x^2}$$

$$=\frac{-4x(4-x^2)+(-2x^3+4x)}{(4-x^2)^{\frac{3}{2}}}=\frac{2x(x^2-6)}{(4-x^2)^{\frac{3}{2}}}$$

$4-x^2\geqq0$ より $-2\leqq x\leqq2$ なので，この範囲における凹凸を含む増減表は以下のとおり。

x	(-2)	$\cdots$	$-\sqrt{2}$	$\cdots$	0	$\cdots$	$\sqrt{2}$	$\cdots$	(2)
$f'(x)$		$-$	0	$+$	$+$	$+$	0	$-$	
$f''(x)$		$+$	$+$	$+$	0	$-$	$-$	$-$	
$f(x)$	0	↘	-2	↗	0	↗	2	↘	0

$x=\sqrt{2}$ のとき極大値 2，$x=-\sqrt{2}$ のとき極小値 -2，変曲点 $(0,\ 0)$

$\cdots\cdots$(答)

(4)　(3)の増減表よりグラフの概形は以下のとおり。

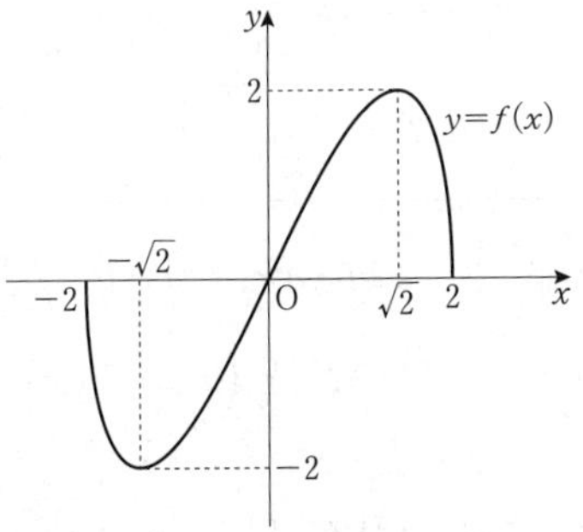

(5)　$dt=-2xdx$ より $xdx=-\dfrac{1}{2}dt$ なので

$$\int x\sqrt{4-x^2}\,dx=\int\sqrt{t}\cdot\left(-\frac{1}{2}\right)dt=-\frac{1}{2}\int t^{\frac{1}{2}}dt$$

$$=-\frac{1}{2}\cdot\frac{2}{3}t^{\frac{3}{2}}+C$$

$$=-\frac{1}{3}(4-x^2)^{\frac{3}{2}}+C$$ （C は積分定数）　……(答)

(6)　曲線 $y=f(x)$ は原点対称であるので

$$S=2\int_0^2 f(x)\,dx=2\int_0^2 x\sqrt{4-x^2}\,dx$$

$$=\left[-\frac{2}{3}\int_0^2(4-x^2)^{\frac{3}{2}}\right]_0^2=\frac{16}{3}$$ 　……(答)

6　解答　《微・積分法》

1. (1)　$f(x)=\left[\frac{1}{3}t^3-3t^2+8t\right]_1^x=\frac{x^3}{3}-3x^2+8x-\frac{1}{3}+3-8$

$$=\frac{x^3}{3}-3x^2+8x-\frac{16}{3}=\frac{1}{3}(x-1)(x-4)^2$$

より　$x=1,\ 4$　……(答)

(2)　$f'(x)=\frac{d}{dx}\int_1^x(t^2-6t+8)\,dt=x^2-6x+8=(x-2)(x-4)$

より　$x=2,\ 4$　……(答)

(3)　$f(x)$ の $0\leqq x\leqq 5$ における増減表は以下のとおり。

x	0	…	2	…	4	…	5
$f'(x)$	+	+	0	−	0	+	+
$f(x)$	$-\frac{16}{3}$	↗	$\frac{4}{3}$	↘	0	↗	$\frac{4}{3}$

$x=2,\ 5$ のとき最大値 $\frac{4}{3}$，$x=0$ のとき最小値 $-\frac{16}{3}$　……(答)

2. (1)　接点の座標を $(t,\ -t^2+t)$ とおく。$f'(x)=-2x+1$ より求める直線の方程式は

$$y-(-t^2+t)=(-2t+1)(x-t)$$

すなわち　$y=(-2t+1)x+t^2$

$(1,\ 1)$ を通るので

$1=-2t+1+t^2$

すなわち　$t^2-2t=0$

これを解いて　$t=0,\ 2$

$t=0$ のとき　$y=x$

$t=2$ のとき　$y=-3x+4$

よって　$y=x,\ y=-3x+4$ ……(答)

(2) 曲線 C と(1)で求めた直線の概形は以下のとおりであるので，網掛け部分の面積を求めればよい。

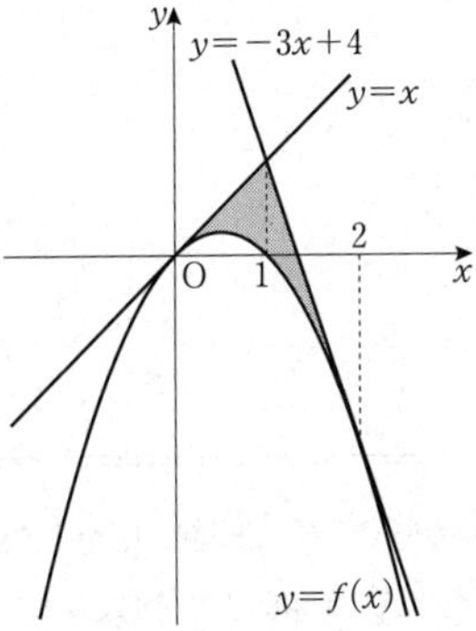

よって求める面積 S は

$$S=\int_0^1\{x-(-x^2+x)\}dx+\int_1^2\{(-3x+4)-(-x^2+x)\}dx$$

$$=\int_0^1 x^2dx+\int_1^2(x^2-4x+4)dx$$

$$=\left[\frac{1}{3}x^3\right]_0^1+\left[\frac{1}{3}x^3-2x^2+4x\right]_1^2=\frac{2}{3}\quad\cdots\cdots(\text{答})$$

国語

一

出典 村田沙耶香「丸の内魔法少女ミラクリーナ」（『丸の内魔法少女ミラクリーナ』角川書店）

解答

問一 (ア)―⑤ (イ)―③ (ウ)―④ (エ)―③ (オ)―①

問二 X―④ Y―② Z―①

問三 ②

問四 ⑤

問五 ④

問六 ③

問七 ①

問八 ③

解説

題材が小説であることもあって、正解となる選択肢の直接的な根拠を本文中で指摘するのは難しい。問三以降の設問はいずれも消去法で選択肢を絞り込む形で対処するのがよい。

問三 「私」とレイコの関係を読み取る。二人は昔も今も仲良しの友人である。①は「自分の容姿を」、③は「謝らないと」、④は「後悔してしまった」、⑤は「自分は恩知らずな」が、それぞれ不適切。

問四 「私」が現役で続けている理由と、最後から二段落目の今の思いを読み取る。①は「レイコと『私』」を並列している点、②は「魔法の力を失って」が不適切。③・④には、他の少女のことが表現されていない点が不適切。

問五 「私」の「設定」への思いがポイント。役になりきる一方で「自分が本物の魔法使いではないことくらいわかっている」のである。①は「疑問」が、②は「有効性が問われる」が誤り。③の「公開」「非公開」や⑤の「作りこんでいく作業が重要」は本文中にない。

問六 「その時にさんざんからかったせいか」とある。「ミントスプラッシュ」という銘柄はレイコの必殺技の名称であり、「私」が過去を持ち出してからかう格好の材料なのである。②は「煙草を吸っている様子」が不適切。

問七　この後で「私」の魔法少女についての考えが明らかにされている。「私」は魔法少女のごっこ遊びで「ストレスフルな日々」を脚色して楽しんでおり、そのことをレイコに話している。②は「驚いた」、③は「ごっこ遊びをする大人が多い」、④は「早く…知っていたレイコの感受性」、⑤は「共犯関係が余りにも愉快」がそれぞれ不適切。

問八　最後の二つの段落の内容をつかむ。「今の日常を…気に入っている」「だれに迷惑をかけるわけでもなし」「ストレスフルな日々を…妄想で脚色し」などとある。②は「良いとも悪いとも言い切れない」が不適切。

二

出典　本居宣長『菅笠日記』〈上〉

解答

問一　**(ア)**—④　**(イ)**—⑤　**(ウ)**—①　**(エ)**—②

問二　⑤

問三　b—④　c—③

問四　③

問五　⑤

問六　①

問七　④

問八　②

解説

問一　**(ア)**「しるし」は漢字で「験」と書き、〝効験〟の意。

(イ)前に「この神にしも、禱ことし給ひける。しるしありて」とあるように、祈願した神仏に対して効験があったことへのお礼参りである。

(ウ)「ふりはふ」は漢字で書くと「降ふり延はふ」で、〝わざわざ…する〟の意。

(エ)「年頃」は〝数年来、長年〟、「本意」は〝前々からの願い〟の意。

問二　「持たらぬ」の「ぬ」はラ変動詞「持たり」(「持ち」+「あり」の変化した語) の未然形に接続。また名詞「こと」に接続しており連体形。よって打消の助動詞「ず」の連体形である。①〜④は、いずれも連用形に接続しており、完了の助動詞「ぬ」。

問三　**b**、この「ゐ」はワ行上一段活用の語「率る」の連用形。続けて「詣でて」とあるので「居て」では意味が通らない。ワ行上一段活用の語

「率る」「居る」、ヤ行上一段活用の語「射る」「鋳る」の意味（漢字の使い分け）に注意。

c、ハ行下二段活用の語「堪ふ」の連用形。

問四 続いて「…なりしかば、父の願果たさせんとて」とある。「父の願」とは、男子（＝筆者）を授かったお礼参りに、筆者を伴って水分神社へ詣でること。「十三になりなば…ゐて詣でて、返り申しはせさせん」とある。

問五 「そのかみ」は〝その当時、むかし〟の意。「かみ垣（神垣）」は〝神社（の垣）〟の意。「水分神社」をさす。「思ひ出づるそのかみ垣」で〝（父母が語ってくれた）その当時を思い出す水分神社〟の意。①は「思ひ出づる」が連体形であり不適切。

問六 続いて「…を聞きて、神の御恵みのおろかならざりし事をし思へば」とある。この「昔の物語」は神のご加護が並々でないことを思わせる、と言っている。②・③はいずれも「神の御恵み」に当たらない。

問七 「便り」は、ここでは〝ついで、よい機会〟の意。「心浅き」の「心」は〝信心〟。「ついでならんよりは」の「なら」は断定、「ん」は婉曲の助動詞で、〝であるのよりは〟の意。「さりとも」は「然りとも」で〝それでも〟の逆接の意。「花の便り」の方が「ことごとのついで」よりまだましだ、というのである。

三

出典 范曄『後漢書』〈蔡倫伝〉

解答

問一 **a**—⑤ **b**—①

問二 ④

問三 ④

問四 ①

解説

問一 熟語の構造に注意。**a**・**b**は、ともに、述語の下に目的語や補語がくる形。**a**は「意を造す」で「意」は〝アイデア、考え〟、**b**は「上に奏す」で「上」は〝お上、皇帝〟、「奏す」は〝申し上げる〟の意。

問二 主語＋述語の関係の「縑貴」及び「簡重」が、「而」で並置されている。〝縑は貴であり、（そして）簡は重である〟という意。「簡」は、先の「竹簡」を指す。「並」は〝両方とも〟の意。「縑」「簡」の両方である。

問三 「其能」は〝蔡倫の能力・才能〟。「自」は「より」と読み、起点を表す返読文字。「自是」で〝このときから〟の意。二重否定の「莫不」は、「ざる（は）莫し」と訓読し、〝皆（必ず）…する〟の意。

問四 「縑」「簡」「蔡侯紙」がどのように使われたかを本文から読み取る。「簡」「縑」が不便であったことから「蔡侯紙」が作られた点をふまえて、消去法で対処するのがよい。②は蔡侯紙の後に絹としている点が、③は「簡」に言及がない点が、④は「縑」「簡」に前後関係がある点が、⑤は「不要になった竹簡と絹織物を材料として」が、それぞれ誤り。

//////////////////// · memo · ////////////////////

教学社 刊行一覧

2025年版 大学赤本シリーズ

374大学556点
全都道府県を網羅

国公立大学（都道府県順）

全国の書店で取り扱っています。店頭にない場合は，お取り寄せができます。

1 北海道大学（文系－前期日程）
2 北海道大学（理系－前期日程） 医
3 北海道大学（後期日程）
4 旭川医科大学（医学部〈医学科〉） 医
5 小樽商科大学
6 帯広畜産大学
7 北海道教育大学
8 室蘭工業大学／北見工業大学
9 釧路公立大学
10 公立千歳科学技術大学
11 公立はこだて未来大学 総推
12 札幌医科大学（医学部） 医
13 弘前大学 医
14 岩手大学
15 岩手県立大学・盛岡短期大学部・宮古短期大学部
16 東北大学（文系－前期日程）
17 東北大学（理系－前期日程） 医
18 東北大学（後期日程）
19 宮城教育大学
20 宮城大学
21 秋田大学 医
22 秋田県立大学
23 国際教養大学 総推
24 山形大学 医
25 福島大学
26 会津大学
27 福島県立医科大学（医・保健科学部） 医
28 茨城大学（文系）
29 茨城大学（理系）
30 筑波大学（推薦入試） 医 総推
31 筑波大学（文系－前期日程）
32 筑波大学（理系－前期日程） 医
33 筑波大学（後期日程）
34 宇都宮大学
35 群馬大学 医
36 群馬県立女子大学
37 高崎経済大学
38 前橋工科大学
39 埼玉大学（文系）
40 埼玉大学（理系）
41 千葉大学（文系－前期日程）
42 千葉大学（理系－前期日程） 医
43 千葉大学（後期日程） 医
44 東京大学（文科） DL
45 東京大学（理科） DL 医
46 お茶の水女子大学
47 電気通信大学
48 東京外国語大学 DL
49 東京海洋大学
50 東京科学大学（旧 東京工業大学）
51 東京科学大学（旧 東京医科歯科大学） 医
52 東京学芸大学
53 東京藝術大学
54 東京農工大学
55 一橋大学（前期日程）
56 一橋大学（後期日程）
57 東京都立大学（文系）
58 東京都立大学（理系）
59 横浜国立大学（文系）
60 横浜国立大学（理系）
61 横浜市立大学（国際教養・国際商・理・データサイエンス・医〈看護〉学部）
62 横浜市立大学（医学部〈医学科〉） 医
63 新潟大学（人文・教育〈文系〉・法・経済科・医〈看護〉・創生学部）
64 新潟大学（教育〈理系〉・理・医〈看護を除く〉・歯・工・農学部） 医
65 新潟県立大学
66 富山大学（文系）
67 富山大学（理系） 医
68 富山県立大学
69 金沢大学（文系）
70 金沢大学（理系） 医
71 福井大学（教育・医〈看護〉・工・国際地域学部）
72 福井大学（医学部〈医学科〉） 医
73 福井県立大学
74 山梨大学（教育・医〈看護〉・工・生命環境学部）
75 山梨大学（医学部〈医学科〉） 医
76 都留文科大学
77 信州大学（文系－前期日程）
78 信州大学（理系－前期日程） 医
79 信州大学（後期日程）
80 公立諏訪東京理科大学 総推
81 岐阜大学（前期日程） 医
82 岐阜大学（後期日程）
83 岐阜薬科大学
84 静岡大学（前期日程）
85 静岡大学（後期日程）
86 浜松医科大学（医学部〈医学科〉） 医
87 静岡県立大学
88 静岡文化芸術大学
89 名古屋大学（文系）
90 名古屋大学（理系） 医
91 愛知教育大学
92 名古屋工業大学
93 愛知県立大学
94 名古屋市立大学（経済・人文社会・芸術工・看護・総合生命理・データサイエンス学部）
95 名古屋市立大学（医学部〈医学科〉） 医
96 名古屋市立大学（薬学部）
97 三重大学（人文・教育・医〈看護〉学部）
98 三重大学（医〈医〉・工・生物資源学部） 医
99 滋賀大学
100 滋賀医科大学（医学部〈医学科〉） 医
101 滋賀県立大学
102 京都大学（文系）
103 京都大学（理系） 医
104 京都教育大学
105 京都工芸繊維大学
106 京都府立大学
107 京都府立医科大学（医学部〈医学科〉） 医
108 大阪大学（文系） DL
109 大阪大学（理系） 医
110 大阪教育大学
111 大阪公立大学（現代システム科学域〈文系〉・文・法・経済・商・看護・生活科〈居住環境・人間福祉〉学部－前期日程）
112 大阪公立大学（現代システム科学域〈理系〉・理・工・農・獣医・医・生活科〈食栄養〉学部－前期日程） 医
113 大阪公立大学（中期日程）
114 大阪公立大学（後期日程）
115 神戸大学（文系－前期日程）
116 神戸大学（理系－前期日程） 医
117 神戸大学（後期日程）
118 神戸市外国語大学 DL
119 兵庫県立大学（国際商経・社会情報科・看護学部）
120 兵庫県立大学（工・理・環境人間学部）
121 奈良教育大学／奈良県立大学
122 奈良女子大学
123 奈良県立医科大学（医学部〈医学科〉） 医
124 和歌山大学
125 和歌山県立医科大学（医・薬学部） 医
126 鳥取大学 医
127 公立鳥取環境大学
128 島根大学 医
129 岡山大学（文系）
130 岡山大学（理系） 医
131 岡山県立大学
132 広島大学（文系－前期日程）
133 広島大学（理系－前期日程） 医
134 広島大学（後期日程）
135 尾道市立大学 総推
136 県立広島大学
137 広島市立大学
138 福山市立大学 総推
139 山口大学（人文・教育〈文系〉・経済・医〈看護〉・国際総合科学部）
140 山口大学（教育〈理系〉・理・医〈看護を除く〉・工・農・共同獣医学部） 医
141 山陽小野田市立山口東京理科大学 総推
142 下関市立大学／山口県立大学
143 周南公立大学 新 総推
144 徳島大学 医
145 香川大学 医
146 愛媛大学 医
147 高知大学 医
148 高知工科大学
149 九州大学（文系－前期日程）
150 九州大学（理系－前期日程） 医
151 九州大学（後期日程）
152 九州工業大学
153 福岡教育大学
154 北九州市立大学
155 九州歯科大学
156 福岡県立大学／福岡女子大学
157 佐賀大学 医
158 長崎大学（多文化社会・教育〈文系〉・経済・医〈保健〉・環境科〈文系〉学部）
159 長崎大学（教育〈理系〉・医〈医〉・歯・薬・情報データ科・工・環境科〈理系〉・水産学部） 医
160 長崎県立大学 総推
161 熊本大学（文・教育・法・医〈看護〉学部・情報融合学環〈文系型〉）
162 熊本大学（理・医〈看護を除く〉・薬・工学部・情報融合学環〈理系型〉） 医
163 熊本県立大学
164 大分大学（教育・経済・医〈看護〉・理工・福祉健康科学部）
165 大分大学（医学部〈医・先進医療科学科〉） 医
166 宮崎大学（教育・医〈看護〉・工・農・地域資源創成学部）
167 宮崎大学（医学部〈医学科〉） 医
168 鹿児島大学（文系）
169 鹿児島大学（理系） 医
170 琉球大学 医

2025年版　大学赤本シリーズ

国公立大学 その他

171 〔国公立大〕医学部医学科 総合型選抜・学校推薦型選抜※ 医 総推
172 看護・医療系大学〈国公立 東日本〉※
173 看護・医療系大学〈国公立 中日本〉※
174 看護・医療系大学〈国公立 西日本〉※
175 海上保安大学校／気象大学校
176 航空保安大学校
177 国立看護大学校
178 防衛大学校 総推
179 防衛医科大学校(医学科) 医
180 防衛医科大学校(看護学科)

※ No.171～174の収載大学は赤本ウェブサイト(http://akahon.net/)でご確認ください。

私立大学①

北海道の大学(50音順)

201 札幌大学
202 札幌学院大学
203 北星学園大学
204 北海学園大学
205 北海道医療大学
206 北海道科学大学
207 北海道武蔵女子大学・短期大学
208 酪農学園大学(獣医学群〈獣医学類〉)

東北の大学(50音順)

209 岩手医科大学(医・歯・薬学部) 医
210 仙台大学 総推
211 東北医科薬科大学(医・薬学部) 医
212 東北学院大学
213 東北工業大学
214 東北福祉大学
215 宮城学院女子大学 総推

関東の大学(50音順)

あ行(関東の大学)

216 青山学院大学(法・国際政治経済学部－個別学部日程)
217 青山学院大学(経済学部－個別学部日程)
218 青山学院大学(経営学部－個別学部日程)
219 青山学院大学(文・教育人間科学部－個別学部日程)
220 青山学院大学(総合文化政策・社会情報・地球社会共生・コミュニティ人間科学部－個別学部日程)
221 青山学院大学(理工学部－個別学部日程)
222 青山学院大学(全学部日程)
223 麻布大学(獣医、生命・環境科学部)
224 亜細亜大学
226 桜美林大学
227 大妻女子大学・短期大学部

か行(関東の大学)

228 学習院大学(法学部－コア試験)
229 学習院大学(経済学部－コア試験)
230 学習院大学(文学部－コア試験)
231 学習院大学(国際社会科学部－コア試験)
232 学習院大学(理学部－コア試験)
233 学習院女子大学
234 神奈川大学(給費生試験)
235 神奈川大学(一般入試)
236 神奈川工科大学
237 鎌倉女子大学・短期大学部
238 川村学園女子大学
239 神田外語大学
240 関東学院大学
241 北里大学(理学部)
242 北里大学(医学部) 医
243 北里大学(薬学部)
244 北里大学(看護・医療衛生学部)
245 北里大学(未来工・獣医・海洋生命科学部)
246 共立女子大学・短期大学
247 杏林大学(医学部) 医
248 杏林大学(保健学部)
249 群馬医療福祉大学・短期大学部
250 群馬パース大学 総推
251 慶應義塾大学(法学部)
252 慶應義塾大学(経済学部)
253 慶應義塾大学(商学部)
254 慶應義塾大学(文学部) 総推
255 慶應義塾大学(総合政策学部)
256 慶應義塾大学(環境情報学部)
257 慶應義塾大学(理工学部)
258 慶應義塾大学(医学部) 医
259 慶應義塾大学(薬学部)
260 慶應義塾大学(看護医療学部)
261 工学院大学
262 國學院大學
263 国際医療福祉大学 医
264 国際基督教大学
265 国士舘大学
266 駒澤大学(一般選抜T方式・S方式)
267 駒澤大学(全学部統一日程選抜)

さ行(関東の大学)

268 埼玉医科大学(医学部) 医
269 相模女子大学・短期大学部
270 産業能率大学
271 自治医科大学(医学部) 医
272 自治医科大学(看護学部)／東京慈恵会医科大学(医学部〈看護学科〉)
273 実践女子大学 総推
274 芝浦工業大学(前期日程)
275 芝浦工業大学(全学統一日程・後期日程)
276 十文字学園女子大学
277 淑徳大学
278 順天堂大学(医学部) 医
279 順天堂大学(スポーツ健康科・医療看護・保健看護・国際教養・保健医療・医療科・健康データサイエンス・薬学部) 総推
280 上智大学(神・文・総合人間科学部)
281 上智大学(法・経済学部)
282 上智大学(外国語・総合グローバル学部)
283 上智大学(理工学部)
284 上智大学(TEAPスコア利用方式)
285 湘南工科大学
286 昭和大学(医学部) 医
287 昭和大学(歯・薬・保健医療学部)
288 昭和女子大学
289 昭和薬科大学
290 女子栄養大学・短期大学部 総推
291 白百合女子大学
292 成蹊大学(法学部－A方式)
293 成蹊大学(経済・経営学部－A方式)
294 成蹊大学(文学部－A方式)
295 成蹊大学(理工学部－A方式)
296 成蹊大学(E方式・G方式・P方式)
297 成城大学(経済・社会イノベーション学部－A方式)
298 成城大学(文芸・法学部－A方式)
299 成城大学(S方式〈全学部統一選抜〉)
300 聖心女子大学
301 清泉女子大学
303 聖マリアンナ医科大学 医
304 聖路加国際大学(看護学部)
305 専修大学(スカラシップ・全国入試)
306 専修大学(前期入試〈学部個別入試〉)
307 専修大学(前期入試〈全学部入試・スカラシップ入試〉)

た行(関東の大学)

308 大正大学
309 大東文化大学
310 高崎健康福祉大学
311 拓殖大学
312 玉川大学
313 多摩美術大学
314 千葉工業大学
315 中央大学(法学部－学部別選抜)
316 中央大学(経済学部－学部別選抜)
317 中央大学(商学部－学部別選抜)
318 中央大学(文学部－学部別選抜)
319 中央大学(総合政策学部－学部別選抜)
320 中央大学(国際経営・国際情報学部－学部別選抜)
321 中央大学(理工学部－学部別選抜)
322 中央大学(5学部共通選抜)
323 中央学院大学
324 津田塾大学
325 帝京大学(薬・経済・法・文・外国語・教育・理工・医療技術・福岡医療技術学部)
326 帝京大学(医学部) 医
327 帝京科学大学 総推
328 帝京平成大学 総推
329 東海大学(医〈医〉学部を除く－一般選抜)
330 東海大学(文系・理系学部統一選抜)
331 東海大学(医学部〈医学科〉) 医
332 東京医科大学(医学部〈医学科〉) 医
333 東京家政大学・短期大学部 総推
334 東京経済大学
335 東京工科大学
336 東京工芸大学
337 東京国際大学
338 東京歯科大学
339 東京慈恵会医科大学(医学部〈医学科〉) 医
340 東京情報大学
341 東京女子大学
342 東京女子医科大学(医学部) 医
343 東京電機大学
344 東京都市大学
345 東京農業大学
346 東京薬科大学(薬学部) 総推
347 東京薬科大学(生命科学部) 総推
348 東京理科大学(理学部〈第一部〉－B方式)
349 東京理科大学(創域理工学部－B方式・S方式)
350 東京理科大学(工学部－B方式)
351 東京理科大学(先進工学部－B方式)
352 東京理科大学(薬学部－B方式)
353 東京理科大学(経営学部－B方式)
354 東京理科大学(C方式、グローバル方式、理学部〈第二部〉－B方式)
355 東邦大学(医学部) 医
356 東邦大学(薬学部)

2025年版　大学赤本シリーズ

私立大学②

357 東邦大学(理・看護・健康科学部)
358 東洋大学(文・経済・経営・法・社会・国際・国際観光学部)
359 東洋大学(情報連携・福祉社会デザイン・健康スポーツ科・理工・総合情報・生命科・食環境科学部)
360 東洋大学(英語〈3日程×3カ年〉)
361 東洋大学(国語〈3日程×3カ年〉)
362 東洋大学(日本史・世界史〈2日程×3カ年〉)
363 東洋英和女学院大学
364 常磐大学・短期大学 総推
365 獨協大学
366 獨協医科大学(医学部) 医

な行(関東の大学)

367 二松学舎大学
368 日本大学(法学部)
369 日本大学(経済学部)
370 日本大学(商学部)
371 日本大学(文理学部〈文系〉)
372 日本大学(文理学部〈理系〉)
373 日本大学(芸術学部〈専門試験併用型〉)
374 日本大学(国際関係学部)
375 日本大学(危機管理・スポーツ科学部)
376 日本大学(理工学部)
377 日本大学(生産工・工学部)
378 日本大学(生物資源科学部)
379 日本大学(医学部) 医
380 日本大学(歯・松戸歯学部)
381 日本大学(薬学部)
382 日本大学(N全学統一方式−医・芸術〈専門試験併用型〉学部を除く)
383 日本医科大学 医
384 日本工業大学
385 日本歯科大学
386 日本社会事業大学 総推
387 日本獣医生命科学大学
388 日本女子大学
389 日本体育大学

は行(関東の大学)

390 白鷗大学(学業特待選抜・一般選抜)
391 フェリス女学院大学
392 文教大学
393 法政大学(法〈I日程〉・文〈II日程〉・経営〈II日程〉学部−A方式)
394 法政大学(法〈II日程〉・国際文化・キャリアデザイン学部−A方式)
395 法政大学(文〈I日程〉・経営〈I日程〉・人間環境・グローバル教養学部−A方式)
396 法政大学(経済〈I日程〉・社会〈I日程〉・現代福祉学部−A方式)
397 法政大学(経済〈II日程〉・社会〈II日程〉・スポーツ健康学部−A方式)
398 法政大学(情報科・デザイン工・理工・生命科学部−A方式)
399 法政大学(T日程〈統一日程〉・英語外部試験利用入試)
400 星薬科大学 総推

ま行(関東の大学)

401 武蔵大学
402 武蔵野大学
403 武蔵野美術大学
404 明海大学
405 明治大学(法学部−学部別入試)
406 明治大学(政治経済学部−学部別入試)
407 明治大学(商学部−学部別入試)
408 明治大学(経営学部−学部別入試)
409 明治大学(文学部−学部別入試)
410 明治大学(国際日本学部−学部別入試)
411 明治大学(情報コミュニケーション学部−学部別入試)
412 明治大学(理工学部−学部別入試)
413 明治大学(総合数理学部−学部別入試)
414 明治大学(農学部−学部別入試)
415 明治大学(全学部統一入試)
416 明治学院大学(A日程)
417 明治学院大学(全学部日程)
418 明治薬科大学 総推
419 明星大学
420 目白大学・短期大学部

ら・わ行(関東の大学)

421 立教大学(文系学部−一般入試〈大学独自の英語を課さない日程〉)
422 立教大学(国語〈3日程×3カ年〉)
423 立教大学(日本史・世界史〈2日程×3カ年〉)
424 立教大学(文学部−一般入試〈大学独自の英語を課す日程〉)
425 立教大学(理学部−一般入試)
426 立正大学
427 早稲田大学(法学部)
428 早稲田大学(政治経済学部)
429 早稲田大学(商学部)
430 早稲田大学(社会科学部)
431 早稲田大学(文学部)
432 早稲田大学(文化構想学部)
433 早稲田大学(教育学部〈文科系〉)
434 早稲田大学(教育学部〈理科系〉)
435 早稲田大学(人間科・スポーツ科学部)
436 早稲田大学(国際教養学部)
437 早稲田大学(基幹理工・創造理工・先進理工学部)
438 和洋女子大学 総推

中部の大学(50音順)

439 愛知大学
440 愛知医科大学(医学部) 医
441 愛知学院大学・短期大学部
442 愛知工業大学 総推
443 愛知淑徳大学
444 朝日大学 総推
445 金沢医科大学(医学部) 医
446 金沢工業大学
447 岐阜聖徳学園大学 総推
448 金城学院大学
449 至学館大学 総推
450 静岡理工科大学
451 椙山女学園大学
452 大同大学
453 中京大学
454 中部大学
455 名古屋外国語大学 総推
456 名古屋学院大学 総推
457 名古屋学芸大学 総推
458 名古屋女子大学 総推
459 南山大学(外国語〈英米〉・法・総合政策・国際教養学部)
460 南山大学(人文・外国語〈英米を除く〉・経済・経営・理工学部)
461 新潟国際情報大学
462 日本福祉大学
463 福井工業大学
464 藤田医科大学(医学部) 医
465 藤田医科大学(医療科・保健衛生学部)
466 名城大学(法・経営・経済・外国語・人間・都市情報学部)
467 名城大学(情報工・理工・農・薬学部)
468 山梨学院大学

近畿の大学(50音順)

469 追手門学院大学 総推
470 大阪医科薬科大学(医学部) 医
471 大阪医科薬科大学(薬学部) 総推
472 大阪学院大学 総推
473 大阪経済大学 総推
474 大阪経済法科大学 総推
475 大阪工業大学 総推
476 大阪国際大学・短期大学部 総推
477 大阪産業大学 総推
478 大阪歯科大学(歯学部)
479 大阪商業大学 総推
480 大阪成蹊大学・短期大学 総推
481 大谷大学 総推
482 大手前大学・短期大学 総推
483 関西大学(文系)
484 関西大学(理系)
485 関西大学(英語〈3日程×3カ年〉)
486 関西大学(国語〈3日程×3カ年〉)
487 関西大学(日本史・世界史・文系数学〈3日程×3カ年〉)
488 関西医科大学(医学部) 医
489 関西医療大学 総推
490 関西外国語大学・短期大学部 総推
491 関西学院大学(文・法・商・人間福祉・総合政策学部−学部個別日程)
492 関西学院大学(神・社会・経済・国際・教育学部−学部個別日程)
493 関西学院大学(全学部日程〈文系型〉)
494 関西学院大学(全学部日程〈理系型〉)
495 関西学院大学(共通テスト併用日程〈数学〉・英数日程)
496 関西学院大学(英語〈3日程×3カ年〉) 新
497 関西学院大学(国語〈3日程×3カ年〉) 新
498 関西学院大学(日本史・世界史・文系数学〈3日程×3カ年〉) 新
499 畿央大学 総推
500 京都外国語大学・短期大学 総推
502 京都産業大学(公募推薦入試) 総推
503 京都産業大学(一般選抜入試〈前期日程〉)
504 京都女子大学 総推
505 京都先端科学大学 総推
506 京都橘大学 総推
507 京都ノートルダム女子大学 総推
508 京都薬科大学 総推
509 近畿大学・短期大学部(医学部を除く−推薦入試) 総推
510 近畿大学・短期大学部(医学部を除く−一般入試前期)
511 近畿大学(英語〈医学部を除く3日程×3カ年〉)
512 近畿大学(理系数学〈医学部を除く3日程×3カ年〉)
513 近畿大学(国語〈医学部を除く3日程×3カ年〉)
514 近畿大学(医学部−推薦入試・一般入試前期) 医 総推
515 近畿大学・短期大学部(一般入試後期) 医
516 皇學館大学 総推
517 甲南大学 総推
518 甲南女子大学(学校推薦型選抜) 新 総推
519 神戸学院大学 総推
520 神戸国際大学 総推
521 神戸女学院大学 総推
522 神戸女子大学・短期大学 総推
523 神戸薬科大学 総推
524 四天王寺大学・短期大学部 総推
525 摂南大学(公募制推薦入試) 総推
526 摂南大学(一般選抜前期日程)
527 帝塚山学院大学 総推
528 同志社大学(法、グローバル・コミュニケーション学部−学部個別日程)

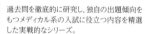

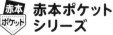

2025年版　大学赤本シリーズ　No. 516
皇學館大学

2024年7月30日　第1刷発行
ISBN978-4-325-26575-7
定価は裏表紙に表示しています

編　集　教学社編集部
発行者　上原 寿明
発行所　教学社
〒606-0031
京都市左京区岩倉南桑原町56
電話　075-721-6500
振替　01020-1-15695
印　刷　共同印刷工業